卢梭

Rousseau

卢梭

Rousseau

皮波人物国际名人研究中心 编著

国际文化出版公司

·北京·

图书在版编目（CIP）数据

卢梭/皮波人物国际名人研究中心编著.--北京：
国际文化出版公司，2013.2（2024.2重印）
（名人传记丛书）
ISBN 978-7-5125-0454-7

Ⅰ.①卢… Ⅱ.①皮… Ⅲ.①卢梭，J.J.
（1712～1778）—传记 Ⅳ.①B565.26

中国版本图书馆CIP数据核字（2012）第269586号

卢梭

作　　者	皮波人物国际名人研究中心　编著
责任编辑	宋亚晅
统筹监制	葛宏峰　刘　毅　刘露芳
策划编辑	周　贺
美术编辑	丁鉄煜
出版发行	国际文化出版公司
经　　销	国文润华文化传媒（北京）有限责任公司
印　　刷	北京一鑫印务有限责任公司
开　　本	700毫米×1000毫米　　16开
	8印张　　　　　　　75千字
版　　次	2013年2月第1版
	2024年2月第3次印刷
书　　号	ISBN 978-7-5125-0454-7
定　　价	31.00元

国际文化出版公司
北京市朝阳区东土城路乙9号　　　　邮编：100013
总编室：（010）64270995　　　传真：（010）64270995
销售热线：（010）64271187
传真：（010）64271187-800
E-mail：icpc@95777.sina.net

目录

目录

青少年时代

童年时的大工程

没有一个人生来就是伟人或英雄，流芳百世的伟大人物依靠的都是日后的努力，只有后天不断地自我完善，才能取得举世瞩目的成就，实现自己的人生理想。

1712 年 6 月 29 日，卢梭出生在瑞士的日内瓦，他的全名是让·雅克·卢梭。他的父亲是一位钟表匠，技术精湛，靠维修钟表维持全家的生活；他的母亲是一位牧师的女儿，聪明端庄、美丽贤淑。

卢梭出生时，他的母亲因难产而死，这是卢梭不幸的一生的开始。他出生后，身体就很羸弱，他的姑母费尽心力才将他养育成人。卢梭的姑母是一位端庄干练的少妇，卢梭幼时的教养都要归功于这位姑母。

卢梭的父亲一直沉浸在丧妻的悲痛中不能自拔，时常郁郁寡欢，有时他看见卢梭就不免想起妻子的音容笑貌，他也经常对小卢梭谈起端庄贤淑的妻子。父亲的哀伤使卢梭感同身受，他幼小的心灵日益变得敏感而纤细，这对他日后的人生道路和思想风格都产生了不可磨灭的影响。

　　卢梭的母亲遗留下许多小说，父亲常常和他在晚饭后一起诵读。父子俩打开一本书后，一般不读到结束是不会罢手的，有时竟读到天亮。父亲听到晨燕呢喃的声音，面露愧色地说："我们该睡了，我好像比你还孩子气！"在这种情形下，卢梭渐渐养成了读书的习惯，他年幼的心灵被知识滋养，变得日益充实。

　　1719年夏天，七岁的卢梭就已将家中的书籍遍览无遗。冬天时，他开始向外祖父借阅书籍。他的外祖父因为职业的关系有很多珍贵的藏书，比如勒苏厄尔的《教会与帝国历史》、博叙埃的《世界通史讲话》、普卢塔克的《名人传》、那尼的《威尼斯历史》、奥维德的《变形记》、封特奈尔的《宇宙万象解说》和《已故者对话录》，还有莫里哀的几部剧本。他饶有兴趣，手不释卷地阅读这些名著。尤其是普卢塔克的《名

日内瓦景色

人传》，卢梭最为喜欢。这本书让他对历史上的英雄豪杰认识深刻。由于这些历史人物的榜样作用，以及他父亲的教诲，幼小的卢梭逐渐体会到什么是自由思想和民主精神。他头脑中萦绕着的是希腊、罗马的伟人英雄们，梦想着自己有一天和他们一样书写那样流芳千古的事迹。小卢梭常常和父亲或姑母谈论自己的读书心得，有一次他兴高采烈地描述书中的故事时，竟不知不觉地把手放到了火炉上，家人们都吓了一跳。这些略显艰难晦涩的书籍对卢梭的性格形成有很大影响，他幼小的心灵里已经埋下了爱自由、爱平等的种子，倔强、高傲、不甘束缚和奴役的性格也在逐渐形成。

幼年时，卢梭的生活范围比较有限，他能够接触到的只有父亲、姑母和一些别的亲戚，他那时候似乎朋友不多。身边的人都对他很关爱，但并不纵容他，这是不容易产生恶习的生长环境。卢梭除了和父亲读书写字以及和保姆散步外，他所亲近的人只有姑母。他看她纺棉，听她唱歌，或坐在她身旁，讲述自己前一天看过的书。姑母性格温婉而随和，她美丽的面容和优雅的姿态给卢梭留下了深刻的印象。卢梭日后对音乐的爱好，也是受到了姑母的熏陶。姑母知道很多儿歌、民谣，她唱歌时，声音娇柔婉转，小卢梭每每为姑母的歌声感动不已，有一首关于蔷薇和竹笛的歌，卢梭尤为喜欢。

姑母和父亲的温柔慈爱使卢梭养成了一种温顺却又不受拘束的个性，这种介于柔弱和刚强之间的性格，使他能够克制骄奢的不良品性，同时也使他自身充满了矛盾。

　　一次突发事件中断了卢梭平静美好的童年生活，影响了他的一生。事件的起因是这样的：卢梭的父亲与一个法国军官发生了一点冲突，没想到这位军官睚眦必报，居然诬告老卢梭持刀抢劫。老卢梭据理力争，反控法国军官涉嫌诽谤，后来这件事虽然平息了下来，但卢梭的父亲为了名誉和自由，只好离开日内瓦远走他乡。

　　卢梭被暂时送到舅舅家寄居。卢梭的舅舅在日内瓦防御工事中任职，他有一个和卢梭同年的儿子，叫做亚伯拉罕。舅舅希望他们两人一起读书，就把他们送到了拜尔西埃牧师家里，学习拉丁文和一些其他的知识。

　　拜尔西埃牧师家住在乡下，卢梭在这里度过了两年时光。这段生活对卢梭的影响也比较大。他之前在家中，总是无拘无束，想什么时候读书就什么时候读书，到拜尔西埃牧师家之后，读书成了固定的作业，不过少年心性的卢梭仍然常常找些别的消遣来自娱。在这里，他接触到了乡间景色，大自然的美景让他赞叹不已。卢梭陶醉在自然美景中，心胸日渐开阔，逐渐养成了高尚的情操。

　　卢梭和表兄亚伯拉罕相处日久，他们在一起读书、嬉戏，甚至连嗜好都很相似，再加上年岁相仿，彼此将对方视为亲兄弟一般。他们对待事物的意见很和谐，偶尔有观点不同时，也能互相迁就。亚伯拉罕不爱读书时，卢梭就会在一旁督促他；在游戏中，通常是卢梭比较主动，两人的个性非常投契。他们在一起生活了五年，从未有过矛盾，这种幼年时期的亲密友情真是难能可贵。这期间的生活，无形中使卢梭养成了坚定不移的个性，柔和的乡间景色奠定了他个性的根基。

拜尔西埃牧师是个和蔼可亲的人，卢梭在这里受教两年，从未受到严厉苛责。拜尔西埃的妹妹对卢梭的管束则比较严厉，她常以恫吓的方式来处罚他，如果她见到卢梭或是亚伯拉罕犯错，就会立即板起面孔。不过后来，她发现自己的这种惩罚措施失去了教育的本来意义，就不再使用了。

有一天，卢梭独自在靠近厨房的一个房间里读书，一位女佣把拜尔西埃小姐的发梳放在火炉上烘干，然后转身去做别的事，等到她来拿时，整排梳齿完全被折断了。当时只有卢梭一个人在这个房间里，于是她马上质问卢梭，卢梭矢口否认。事情惊动了拜尔西埃牧师和拜尔西埃小姐，他们加入女仆的行列，同声质问卢梭，卢梭依然不承认，这种顽强的态度使他们更加怀疑他有心欺骗他们，事情愈演愈烈。拜尔西埃小姐虽然没有采取处罚措施，但她写信请卢梭的舅舅来一趟，亚伯拉罕这时也犯了一个小过错，于是他俩同时受到了极严厉的惩罚。

个性温和而怕羞的卢梭在感情方面据理力争，他对世事一无所知，向来受到温柔及和善的对待，这次的事情让他蒙受了不白之冤。卢梭受到了极大的打击，他开始情绪低落，对旁人的诬陷、毁谤和那些莫须有的罪名，深觉愤愤不平。身体上的惩罚无所谓，内心的不平、怨恨和失望是最令他难以忍受的。卢梭和亚伯拉罕为了这件事曾痛哭一场，心中的闷气一直无法纾解。

卢梭幼小心灵里刚强而柔弱的一面在这件事上显露无遗，只不过当时的成人们，谁能相信这个性格温柔而又怕羞的小孩，有时也会作出如此顽强的抵抗呢？

卢梭童年生活的恬静至此告一段落，他和亚伯拉罕在拜尔西埃牧师家又住了几个月，虽然生活一如既往地规律，但昔日的快乐已经一去不复返了。之前那种敬仰和关爱的感情已经消失在师生之间。他们不愿再在这里学习下去，于是不久后，舅舅将他们接回了家中。

在拜尔西埃牧师家受教的两年间还发生过一件有趣的事情，由此可以看出卢梭丰富的想象力。

在拜尔西埃牧师家的门外，有一块小高地，拜尔西埃牧师决定将其布置成一个午后休息的地方，只可惜那里缺少树荫。拜尔西埃牧师打算种一棵核桃树，植树仪式很隆重，由卢梭和亚伯拉罕担任司仪。当其他人把泥土覆满树根时，卢梭与亚伯拉罕两人手握树干，一齐唱起了胜利之歌。为了便于灌溉，卢梭还在树根周围挖了一个凹池。

不久后，卢梭和亚伯拉罕想在高地上再种一株小树，他们没有钱买树苗，就到不远处的树林里折了一段树枝回来，把它种在与核桃树相距八九步远的地方，并且也在树根周围挖了一个凹池。灌溉了一段时间之后，树枝竟然真的发芽生根，长出了叶子，这使他们欣喜异常。此后他们常常去察看，看小树有没有长高，这似乎成了卢梭和亚伯拉罕寄托希望的一种象征。

为了这棵小树，卢梭和亚伯拉罕费尽心思，他们之前投注在学习上的注意力不可避免地被分散了。拜尔西埃牧师察觉到了他们异常的举止，怀疑他们在外面做了什么不该做的事，于是禁止他们外出。卢梭担心小树得不到灌溉，迟早会枯死。

卢梭急中生智，想了一个新办法，他将那里的地下掘了一条小沟，将灌溉核桃树的水引到这棵小树的凹池里。起初他们挖的小沟高低不平，水无法流过来，根本没有起到作用。可是，他们没有放弃，仍努力不懈地把小沟掘好，终于水可以很容易地流过来了。卢梭又用一些木盒和泥土在小沟旁砌了一堵三角形的堤墙，并在核桃树旁边放上一些有小孔的薄木片以便过滤泥沙。最后，他小心翼翼地将泥土遮盖在小沟上。诸事完成，他们静待灌溉核桃树时，水能流到那棵小树根部。

灌溉核桃树这天，拜尔西埃牧师仍和平时一样，亲自来视察，卢梭和亚伯拉罕走在牧师身后。当第一桶水倒下去时，他们看到那株小树的凹池里也渗入了水分，心中不禁暗暗高兴。拜尔西埃牧师回头看着他们，面露疑色，忽然他发现核桃树的凹池边有些异样，他立即明白了卢梭与亚伯兰罕做了些什么。牧师拿了一把锄头，把小沟上的薄片全部挑了起来。没过多久，那些木片、小沟、凹池、小树都被破坏无遗，卢梭和亚伯兰罕的努力都前功尽弃了。

事后，他们以为难逃责罚，然而，拜尔西埃牧师并没有说什么。这件事一直使卢梭和亚伯拉罕引以为傲，因为他们在如此年幼的时候就可以建筑这样充满想象力的工程。

学徒生涯

1724年9月，卢梭和表兄亚伯拉罕回到日内瓦。他们在拜尔西埃牧师家里的这两年，并不能算是接受了完整的教育，不过这已经是舅舅和卢梭的父亲所能提供的极限了，而且卢梭的父亲还必须从国外寄钱回来支付卢梭在舅舅家的寄宿费。他期望过几年后，能让卢梭从事一些比较有发展的职业。

回到日内瓦的卢梭和亚伯拉罕仿佛重获自由一般，无拘无束地在草地上嬉戏。舅舅平日忙于工作，舅母则忙于身为一个虔诚的天主教徒应该做的祷告和弥撒，也无暇管束他们。他们时常形影不离地在街上游荡，因为亚伯拉罕的身材瘦削而高大，和卢梭矮小的身材形成了鲜明的对比。这样一对组合走在街上，总能引起其他孩子的注意，他们给亚伯拉罕起了一个绰号，并且在看到这对表兄弟时就报以嘲笑。

亚伯拉罕对这些不甚在意，但卢梭时常感到愤愤不平，他向那些调皮孩子中的一个挑战，然而刚一交手，卢梭就被打败了。亚伯拉罕加入战阵，帮助卢梭，但他也同样遭到了攻击。卢梭虽然打不过这些顽童，但他认为自己是为正义和友情而战，身体上的损伤并不代表真正的失败。自此以后，他们只有在这些顽童上学读书时才敢出门。

有一次，卢梭和亚伯拉罕观赏了一位意大利卖艺人的木偶戏表演，他们被那些可爱的木偶人所吸引，也想仿造几个。之后，他们便在家中开始自制木偶人，并为它们雕刻形状，缝制衣服，同时也做了许多笼子、笛子等道具，以便组成一个小木偶剧团。某天，他们在家中正式公演了一场独特而精彩的木偶戏，他们采用演讲的方式演出了一个宗教性质的故事。台词说到一半的时候，舅舅发现这些台词正是他平常祷告时说的话，他感到非常吃惊，同时也十分赞赏这两位演出者的想象力。

1725 年初，当卢梭 13 岁时，舅舅决定将他送往马斯隆先生那里去做学徒。马斯隆先生是法院的书记官，舅舅希望卢梭能跟着他学习诉讼方面的知识和技能，现在可以赚点生活费用，将来也是一项谋生的本事。不过这个职业枯燥而缺乏趣味，卢梭非常不喜欢，那些琐碎的杂务让他觉得头晕目眩，而工作束缚了他的自由，这也令他非常厌烦。马斯隆先生也不大喜欢卢梭，他看得出来卢梭对这份工作没有热情，他时常责备卢梭，有时候也会说些辱骂性的言辞。卢梭无法忍受这种羞辱，没过多久他就辞职了。

这年 4 月，卢梭找到了另一份工作，帮一位雕刻家做事。这份工作比较合卢梭的心意，他本来就对绘画很感兴趣，雕刻作为一门与之相关的艺术形式，自然也得到了卢梭的喜爱。卢梭那时候应该很希望在雕刻上有所发展。不过很可惜，他所服务的雕刻家是个性情粗暴的人，卢梭后来回忆这段时光时曾说："四年之间所学到的净是些窃盗和虚伪。"不仅如此，这份工作还将卢梭青少年时期的活泼天性完全消磨掉了，他昔日所学的拉丁文、罗马历史也几乎被忘得一干二净。

某一天，卢梭为朋友雕刻了几枚骑士纪念徽章，雕刻家发现后，以为卢梭在制造假银币，便狠狠地打了他一顿。事实上，当时的卢梭对银币还没什么概念，他只是以古代罗马时期的钱币形状做模型罢了。雕刻家如此不分青红皂白的责打，使得卢梭对目前从事的工作完全失去了信心和兴趣。他的个性也受到了极大的压制，以前在家里，卢梭极为活泼，在舅舅家也生活得很愉快，还有亚伯拉罕的陪伴，就算是在拜尔西埃牧师家，也是快乐多于忧愁的；可是现在的生活却充满了惊慌，他唯恐犯错，一切欢欣和幸福的日子好像都已经离开他很久了。

不愉快的生活让卢梭更加专注于读书，虽然现实环境使这个爱好不能随心所欲地进行，但卢梭不放过一切可以读书的机会。雕刻家的工作室附近有一家小书店，卢梭经常在那里读书，有时读得太入迷了，以至于耽误了工作时间。不到一年，卢梭读完了书店里所有的书。这些书籍纠正了卢梭在雕刻家这里染上的一些不良习惯，也充实了他的内心世界，拓展了他的思维方式。

在工作之余，卢梭有时间的时候也会到里昂去探望他的父亲。在父亲的社交圈里，卢梭结识了两位小姐，一位是维森小姐，另一位是戈登小姐。卢梭很喜欢她们，对她们都非常谦恭有礼。他和维森虽然相处时间不久，可分别后，对她的思念之情却与日俱增，他们以通信来慰藉这种思念之苦，后来维森寄了一些食品和手套给卢梭，附带的信上告诉了他自己要嫁人的消息。卢梭的心中不由得升起一股莫名的悲哀与怨恨，因为在青少年时期的他看来，他与维森小姐已经是男女朋友的关系，而这种关系非常专一且神圣。

　　这样的生活持续了四年。1728年的某一天，卢梭再次与朋友们出去游玩。一行人喜欢出城漫游，卢梭常常一个人走在前面，无论谁叫他也不愿意回头。之前两次，卢梭都刚好赶在关城门之前返回，第三次，卢梭仍按照之前的时间回来，但是那位守城门的卫兵却在比规定时间稍早的时候就关闭了城门，卢梭和两位同行者加快脚步，甚至奔跑起来，可惜已经来不及了，城门被关上了，相差不过20步远。他们眼看着吊桥升起，同行的两位朋友准备在野外过夜，卢梭则下定决心不再回雕刻师那里了。第二天早晨，城门开启，两位朋友进城了，卢梭与他们告别，并请求他们暗中告诉亚伯拉罕，他将离城出走，希望亚伯拉罕能跟他见最后一面。

　　自从卢梭开始他的学徒生涯之后，他和亚伯拉罕就很少见面，因为他们的职业和习惯渐渐有了差异，更因为舅妈自认为他们一家是上等人物，而卢梭不过是一个卑贱的学徒，她不喜欢亚伯拉罕再和他来往。

　　亚伯拉罕一听到这个消息，马上赴约而来，并且还给卢梭带了一些礼物。其中有一把小剑，卢梭甚为爱惜。他们分手时，亚伯拉罕并没有流露出悲伤的神色，或许他觉得他们还有重逢的可能。可惜人生的际遇不是我们所能预料的，卢梭此后与亚伯拉罕再也没有见面，而且也失去了联系。

这时候是 1728 年 3 月，卢梭离城出走。他当时的心情应该既有忧愁也有欢喜吧，忧愁的是年纪轻轻就离开家乡、远离亲人，没有钱，没有任何依靠，自己也没有什么足以谋生的技能，将来怎么办呢？欢喜的是他就要自由、独立地面对外面的世界，不用受谁的约束和支配，可以自己决定一切，他相信自己会克服遇到的困难，一定会闯出一片属于自己的天地。

不久后，卢梭流浪到日内瓦附近的一个村子，那里的很多人与卢梭的父亲熟识，他受到了村民们的热情招待。后来，他又到了距日内瓦四公里左右的一个村子，村里有位彭威尔牧师，据说他的祖先是赫赫有名的功臣，卢梭慕名前去拜访。彭威尔牧师热情好客，慈祥善良，是一位虔诚的教徒，他请卢梭共进晚餐，并邀他在家里留宿。

华伦夫人

几天后，彭威尔牧师让卢梭带着他的亲笔介绍信去安纳西拜访华伦夫人。强烈的自尊心使得卢梭极不愿意无故地接受别人的施舍和帮助，何况还是位妇人，但他此时已别无选择。

三天后恰好是复活节，卢梭到达了安纳西，他自己先写了一封文情并茂的长信，并附上彭威尔牧师的介绍信前往拜访华伦夫人。然而华伦夫人并不在家，仆人告诉卢梭华伦夫人在教堂做礼拜。教堂离华伦夫人的宅子并不远，穿过房屋后面的花园，沿小径走到尽头，那里有扇门直接通往教堂。卢梭走进教堂时，华伦夫人听到声响转过头来。那是位和蔼可亲的年轻女子，一双眼睛顾盼生辉，身材也是极好的。卢梭之前一直以为华伦夫人一定是个上了年纪的夫人，所以我们可以想象他这时候的惊讶和震撼。华伦夫人微笑着接过了卢梭的信函，很快地浏览了一遍，然后用温柔的语气嘱咐卢梭先回宅子等她，祈祷完成后，他们再谈。

华伦夫人的原名是路易丝，她的娘家是瑞士的贵族，后来她嫁给了同样出身贵族的华伦先生。他们的婚后生活并不幸福，两个人因为价值观、世界观的差异经常闹矛盾，华伦夫人也没有孩子，于是她离开了丈夫，只身来到安纳西，皈依旧教（这一时期的欧洲大陆正在进行宗教改革，天主教有新教、旧教之分）。因为出身贵族，且热衷于宗教事务，安纳西的亲王每年都会赞助她一定数目的金钱。

华伦夫人是一个忠诚的天主教徒，她温柔慈爱，同情弱者，乐善好施，这些性格使她赋有一种独特的气质。她先询问了卢梭的境况，卢梭叙述了他在雕刻家那里的学徒生涯，华伦夫人表示很同情他的遭遇，并劝导卢梭回家与父亲团聚。

不过卢梭的态度非常坚决，他根本无意返家。华伦夫人温柔的劝慰给卢梭留下了深刻的印象。

第一次见面，华伦夫人就留卢梭共进晚餐。同桌吃饭的还有一个体形有点肥胖的人，他建议卢梭到都灵去，在那里有一所教堂办的救济院，卢梭最好可以皈依旧教，这样对他目前的生活状态和精神状态都会有所帮助。卢梭本来就觉得向华伦夫人求助是件很不好意思、很难堪的事情，如果皈依旧教后可以不用再为生活费用而忧虑，这倒是个不错的选择，而且还可以借此机会学习一些教会中的礼仪。卢梭接受了这个建议，于是华伦夫人将卢梭托付给这位朋友，由他带着卢梭前往都灵，她还私下给了卢梭一些钱。

两天后，他们起程了。这次旅行让卢梭很高兴，他本来就喜欢漫游，而且似乎有机会攀登阿尔卑斯山，卢梭心里不禁喜悦非常。

途中，卢梭遇到了他父亲的一个朋友，那是一位钟表师，很有智慧，也很有才能，还会作诗。他像华伦夫人一样劝告卢梭回到他父亲的身边，然而卢梭的态度依然很坚决。他为什么迟迟不愿意与父亲团聚呢？容我们私下揣测一下，或许是因为卢梭觉得自己既然已经离开了亲人和家乡，就应该做出一点成绩；当然也有可能是卢梭更希望过这种自由独立的生活。不管怎么说，他现在是决计不会回到父亲身边的，不过父亲的慈爱和他崇高的德行却一直深植在卢梭心中。

旅行并不艰苦，甚至比卢梭想象的更为愉快。华伦夫人的朋友是个中年人，灰白的头发垂在脑后，有点像水兵，看上去十分滑稽，他说话直爽，口才很好，常常能以传教士的身份混进教堂。同行的还有他的妻子，那是一位好心的妇人。一路上，他们夫妇很照顾卢梭。和这对有趣的夫妇一起旅行，卢梭的心情十分快活，似乎没什么可忧虑的。这段旅程的时间并不长，以卢梭爱好自然的个性，再加上沿途的美景，这无疑是一次愉快而美妙的经历。卢梭将自己的种种情感寄托于自然界的美景中，虽然身似浮萍却也不觉得精神空虚、无所归宿。

卢梭多次想到华伦夫人的热情款待、亲切劝导，以及对他的关切和温柔，这些使他对自己的前途更有信心了。希望在卢梭心里滋长着，他觉得他见到的事物好像都在鼓励他。他看到静谧的乡村和绿油油的牧场，那种恬淡的氛围和丰收的愿景他似乎都感同身受。他看到静静流淌的、可以游泳和垂钓的溪流，他看到山野间烂漫盛开的野花，不禁羡慕起山居生活的平静安宁。卢梭眼前所见的一切都洋溢着欢乐的气息，自然界何其伟大，人类何其渺小，这一切深深地影响了卢梭的人生观。

在这短短的七八天旅行中，卢梭度过了青少年时期最愉快的时光。他对都灵这座大城市充满了好奇，他没有急着去救济院，而是先开始了他的游历。到达都灵后，华伦夫人的朋友就和卢梭分道扬镳了，所以他必须自己安排衣食住行。几天后，由于疏忽，他的钱包丢了，身无分文、一贫如洗的卢梭只好结束了游历，去投靠那所救济院。

救济院

皈依旧教

卢梭拿着介绍信，找到了那所救济院。他被引入正厅，首先映入眼帘的是一个十字架，以及四五张因磨损而泛着光彩的木头座椅。有四五个陌生人坐在那里，他们好像也是新来入教的。这些人的外貌看起来有点古怪。其中有两个人自称是斯拉夫人，他们向卢梭讲述了他们游历于意大利和西班牙之间，到处接受洗礼的经历。在另一扇铁门口，卢梭看见一些从庭院里走进来的女教徒，其中有一位长得很漂亮，看起来似乎和卢梭同龄，她有一双灵活的眼睛，时不时地偷偷看向卢梭这边。卢梭有意想去认识她，可惜她被一位女管家跟得很紧，他们没有机会相识。

为了欢迎这批新来的教徒，主教举行了一个欢迎仪式。在致欢迎词之后，他带着大家一同做祷告、唱赞美诗。仪式结束后，教徒们被带回了他们居住的地方，卢梭得以仔细地对自己即将生活的新环境作一番探查。

第二天早晨，又有第二次集会。一个年老而矮小的牧师神色严肃地站在台上演讲。这是一次讨论会，只是对新入教徒的一种训练，并不是要辩论。但轮到卢梭发言时，他反驳了牧师的言论，卢梭的行为将这次集会推到了正反双方相互辩论的境地，以至于集会比预计时间延长了几个小时。最后老牧师终于忍无可忍，他愤怒地拍着桌子，并佯称自己不懂卢梭说的法语，草草结束了这次集会。

第三天，教士们怕卢梭会扰乱教徒的情绪，没有让他参加集会，而是把他安置在另一个房间里，让一位年轻且口才好的牧师开导他。这位牧师苦口婆心地说了很多，最后的中心意思不过是新教有违神的意志，而旧教才是天主教的正统。他引证了一些事例为依据，肆无忌惮地攻击新教，卢梭很难保持缄默，他与牧师辩驳起来。在这种情况下，卢梭开始了在这所救济院的生活，他每天重复地将时间耗在辩论和祷告以及一些无趣的琐事上。

那两个自称斯拉夫人的其中一位渐渐对卢梭产生了暧昧的感情，他常对卢梭动手动脚，并且非常无礼。卢梭从未见过这样的行为，他觉得那个斯拉夫人一定是有神经病。为了疏解自己的苦恼，卢梭把这件事说给旁人听，有一位老管家叫他不要再提起这件事。后来，救济院里的一位牧师找到卢梭，说他所散布的言语有损圣地的清誉。牧师还说了很多卢梭不太能够理解的话，他经过分析和总结才发现牧师的意思是，这根本是件不值得一提的小事。由此引申开来，这种事在救济院里应该屡见不鲜。卢梭对这样的现状很愤慨，也很无奈，他开始希望早日离开这里。

一个月后，卢梭终于接受了洗礼，因为教士们认为卢梭信仰不坚定，所以迟迟不让他受洗。后来才带他前往市立圣约翰大教堂接受正式的洗礼。一切仪式、衣饰都很隆重，卢梭穿着一袭灰色长袍，肩上挂着白色的披带，教士们走在前面，卢梭在后面跟着，每个人都拿着一个铜罐，一边走一边用钥匙敲打它，意思是希望旁观者能随意施舍些银钱，好让这位新入教者生活得更好些。这个仪式结束后，他们又到教会审判堂举行赦免异教徒的仪式，那位审判牧师询问了卢梭的信仰、家境，之后教士送卢梭到教堂门口，交给他旁观者所捐献的钱财，嘱咐他要做个好基督徒，并祝福他前途美好，然后关上教堂的门，整个入教的过程就算结束了。

这两个月来在救济院的生活至此告一段落，卢梭先前的志向和远大计划如今都消失在失望中。不过他终于脱离了救济院中禁闭的生活，一想到重获自由之身，卢梭的心中不禁又感到兴奋。旁观受洗仪式的人们捐赠了20多法郎，这笔钱足够卢梭用上一段时间了，他暂时不需要再去求助别人，自信心又在他心中燃起。

卢梭准备到城里继续他之前的游览，以满足他对这座城市的好奇。他很感兴趣地看着城里的士兵们操练或演奏军乐，也会跟着教会的游行队伍去参观皇室宫殿，刚到宫殿附近时，他有点胆怯不敢进去，后来看别人都进去了，他才跟了进去。这些游览给了卢梭极大的满足感，在他心里，自己俨然是这个城市的一个市民了。

情场失意

几天的时间，卢梭走遍了都灵城里城外好玩的地方。他以一个乡村青年初到大城市的好奇心，尽情地观赏这里的一切景物。每天早晨，卢梭都会前往教堂与皇族们一起做祷告，他觉得能与皇族在同一个教堂里做祷告是件很光荣的事。这座教堂的皇家乐队很有名，除了做祷告，卢梭来这里的大部分时间就花在听音乐上。

卢梭口袋里的钱正在一法郎一法郎地减少，他意识到自己必须尽快找一份固定的工作，可是城里的商店大都不要学徒，卢梭只好挨家挨户地敲门，问他们是否需要在盘碟上刻画一些图案，他的生意很冷淡。

有一天早晨，卢梭在玻璃窗外看到一个女店主，那是一个风韵极为动人的女人。他鼓起勇气进入店中向她请求一份工作。她没有拒绝卢梭，询问了他的家境，并对他的遭遇深表同情，还到厨房拿了午饭给他。这次幸运的机遇使卢梭深感荣幸，而老板娘充满善意和爱心的招待，以及温柔和善的态度，慢慢地抚平了卢梭心中的伤痕。

卢梭开始了他独立以来的第一份工作。他的女店主是巴西勒夫人，巴西勒先生似乎熟知自己太太的美貌，一直对她不是很放心，所以每次外出时，都派一位容貌丑陋的店员监视她，这位店员对卢梭的到来感到非常不悦。有一天，巴西勒夫人回到楼上自己的房间，卢梭也跟着她上楼，看到她美丽的姿态，卢梭情不自禁地倾吐着自己的仰慕之情。巴西勒夫人故作矜持，假装没有看到卢梭，一直注视着手中的一幅刺绣。卢梭轻移身子挨到她的膝旁，默默注视她，心中充满了兴奋、快乐、害羞、焦虑之情。这样僵持的场面持续了好一会儿，忽然隔壁的厨房门响了，巴西勒夫人惊慌地对卢梭说："快走，那个店员来了。"卢梭赶紧下楼，匆忙离去。之后，巴西勒先生似乎对此事有所察觉，他派店员将卢梭斥责一顿，辞退了他，并且不准他再到店里来。

　　巴西勒夫人觉得卢梭失去工作这件事，她也有一点责任，而且她非常同情卢梭的遭遇，她为卢梭介绍了一份工作。这份工作的主要任务是抄录口述的信稿，卢梭的雇主是一位贵妇人，她的丈夫是一位公爵，叫做维尔塞里斯。维尔塞里斯夫人已近中年，膝下无子女，不久前丈夫也去世了，她气质高贵，思想颇为开通而且喜爱法国文学，她的书信措辞极为优美，可惜因为身患绝症，不能长时间执笔。

　　维尔塞里斯夫人对待卢梭的态度很冷淡，所以卢梭不得不很谨慎地应付她，也是因为她的态度，卢梭常常觉得不自在，好像自己做的工作是十分卑微的。维尔塞里斯夫人没有子女，所以她的侄子拉克对她极献殷勤，希望博得她的欢心以继承遗产。此外，她的管家仆人们见她时日无多也竞相争宠，想得到一点好处。她有一位女管家叫罗拉，她将自己的侄女介绍到维尔塞里斯夫人家来帮助整理一些事务。卢梭对他们也小心谨慎，唯命是从，不过他们似乎并不欢迎卢梭，他们可能觉得卢梭并不可靠，唯恐维尔塞里斯夫人给卢梭什么好处，从而破坏了他们的既得利益。管家、仆人以及维尔塞里斯夫人的亲戚合力排挤卢梭。

维尔塞里斯夫人喜欢以写信来排遣病中的寂寞，这样她就会长时间地与卢梭待在一起，拉克和罗拉担心这有损他们的利益，于是他们请了一位医生来劝阻维尔塞里斯夫人，说长时间的写信会影响她的健康。维尔塞里斯夫人写遗嘱时，他们也不准卢梭在场，不过卢梭虽然遭到他们的排挤，却仍然对维尔塞里斯夫人怀有敬意，他为维尔塞里斯夫人乐观坚强的品格所折服，也十分同情她，甚至还暗地里为她流过许多眼泪。

维尔塞里斯夫人去世了，卢梭亲眼看着她在最后一刻的挣扎和不舍，那一刻，他似乎对生命有了更为深刻的认识。在与维尔塞里斯夫人相处的这三个月中，卢梭了解了她的为人，她是个坚强勇敢的女人，在她身上，卢梭看到了天主教徒应有的精神：健康时要诚恳正直，罹患重病时仍然要保持愉快的心情。

按照维尔塞里斯夫人的遗嘱，每个仆人都可以得到一年的薪资。不过，卢梭并不算是她家中的正式成员，所以没有得到任何补偿。拉克给了卢梭30法郎和一套新衣服，并声称日后会替卢梭安排一个合适的工作。

这时候的卢梭正在逐渐成长起来，他的自尊心日益强烈，羞耻心也与日俱增，昔日许多杂念都随着年龄的增长而日渐消除。经过生活历练的卢梭似乎比同龄的孩子早熟一些，他已经开始规划自己的未来，并确立自己的目标。

与华伦夫人的重逢

卢梭在维尔塞里斯夫人家工作时，还结识了一些朋友。其中有盖姆先生，他是一位牧师，同时也是一位侯爵的家庭教师，年轻且富有正义感。卢梭经常与他来往，他教导卢梭很多正确的道德观和处世原则。盖姆先生的开导使年少的卢梭真正认清了自己，盖姆先生说："只有聪明的人才能得到幸福，智慧是一切成功的根源。"他还说："太高的道德标准对社会并不一定有用处，如果一个人能做好所有细小的事情，他的一生就像英雄一样具有价值。"除此之外，盖姆先生还和卢梭谈了很多宗教上的问题，他的看法和见解使卢梭心中萌生了一个新道德观和新宗教观的雏形。这些启示让卢梭获得了更高尚的人生观和情操，并且矫正了他青少年时期的一些错误看法。

　　有一天，拉克突然让卢梭去见他，他为卢梭介绍了一份工作——在古丰伯爵家任职，古丰伯爵是王后的侍卫大臣，他很和蔼地接待了卢梭，并鼓励他说："我的孩子，万事开头难，等你熟悉了之后就容易多了。只要你守规矩，做事勤快一点，大家都会喜欢你并且照顾你的。"然后，古丰伯爵为卢梭介绍了他的夫人和他的儿子。这样平易近人的愉快的初次见面给卢梭留下了很好的印象。古丰伯爵一家也确实没有把卢梭当佣仆看待，他们一直对他亲切而友好。卢梭的工作也很自由，除了誊写一些口述的文件和跟孩子们做游戏外，其余的时间都是自己的。这种悠闲的生活照理说很容易使人流于放荡，然而卢梭并没染上什么恶习，他仍然经常到盖姆先生那里聆听他的教诲。

　　起初，卢梭做事极为谨慎，也很殷勤，古丰伯爵一家人都很喜欢他，也从不吝啬对他的赞美。盖姆先生一直在勉励他："你已经给人很好的印象了，重要的是以后要坚持下去。"

　　有一次古丰伯爵家举行宴会，场面很大，来的都是社会各界的名流。席间有人提起古丰家写在墙壁上的"家训"，其中有一个单词似乎拼错了。古丰伯爵正准备答复，忽然看见站在一旁的卢梭面露笑容似有所言，于是就让卢梭回答宾客的问题。卢梭侃侃而谈道："这个单词并没有拼错，这是法文的古写法，它不是骄傲、恐吓的意思，而是有惩戒的含义。"在场宾客看到卢梭如此年少却懂得古法语，不禁感到惊讶和赞赏，卢梭也以这件事为荣。此后古丰伯爵家的人对卢梭更加另眼相看，都认为他是一个有为青年。卢梭的心境也在这种环境里日渐趋于平静，他努力学习以求进步。古丰伯爵很满意他的表现，逢人就夸赞卢梭，并多次表示有意栽培他。

有一天，卢梭认识了一位从日内瓦来的朋友，他的名字叫巴克，年轻而且风趣，卢梭与他相谈甚欢，两人很快成了无话不谈的好朋友。不久后，巴克准备返回日内瓦，卢梭决定与他同行。

卢梭的性格使得他不会长久地在同一个地方停留，同时他认为有巴克同行一定会增加许多旅游乐趣。他一想到旅行时能欣赏到的山岭、田园、森林、流水等大自然美景，就更坚定了他与巴克同行的愿望。于是，卢梭辞掉了古丰伯爵家的职务。离职前，古丰伯爵送给他一件小礼物，那是一个小型的喷水器，非常好玩，卢梭爱不释手。卢梭渴望回到日内瓦还有另一个原因，那就是华伦夫人，她在卢梭的生命中占有极为重要的位置，卢梭似乎在她那里感受到了他从未感受过的母爱。

1731年，卢梭再度开始了他的旅途生活，他和巴克满怀兴奋地踏上了旅程。沿途，他们用古丰伯爵送的小喷水器表演，希望能赚一些钱。虽然吸引了不少妇人和佣仆来观看，但得到的收入根本不够支付食宿费。更不幸的是，小喷水器在途中被弄坏了，他们的表演也就无法继续进行，不过这并未影响他们旅游的兴致。一路上卢梭和巴克仍然精神抖擞，非常快乐。

数日后，抵达安纳西，卢梭迫切地希望能马上见到华伦夫人，可是同时他也担心华伦夫人是否乐意接待他。卢梭在古丰伯爵家时，曾写信给华伦夫人，对她描述了自己的生活情形。华伦夫人也曾在回信中勉励卢梭在待人处世上要谨慎诚实。可即便如此，华伦夫人会欢迎他回来吗？她的态度还会像从前一样亲切温柔吗？每每想到这些，卢梭就觉得很担忧。

抵达安纳西时，巴克便向卢梭道别。卢梭和他虽然相识不久，但巴克的善解人意和风趣乐观却深深地影响了卢梭。如今就要分别了，卢梭心里不禁有些伤感，他依依不舍地目送巴克离去。然后，卢梭来到华伦夫人家门口，他心里有些紧张。不过当他见到华伦夫人时，华伦夫人那亲切的语气、和蔼的面容使他很快恢复了镇定。华伦夫人温和地询问卢梭一路上的见闻，并诚恳地留他在家里住下来。卢梭很感激华伦夫人，对自己能够受到的款待也很欢喜。

卢梭住的是一间古老的房屋，地方宽敞，这个屋子位于花园的小径旁边，也就是他第一次来拜访华伦夫人时，走过的那条小径。窗外，花园里树木蓊郁，繁花似锦，洋溢着一派田园风光。这是卢梭第一次住在这种环境中，他心里不禁非常感谢华伦夫人的善良和慷慨。住在这样宽敞的房间里，面对着这样优美宁静的景色，卢梭心中的郁闷一扫而光。这里虽然不如古丰伯爵家奢华艳丽，但屋子整洁安静，别有一番情趣。华伦夫人非常好客，又很乐于帮助别人，每次在家里举行宴会时，她都会叫卢梭一起参加。

华伦夫人家有一个女佣名叫曼勒，还有一个仆人安格，一个厨娘南希，以及两个马夫乔治和威廉。卢梭和华伦夫人的相处模式很像是母子俩，他叫她"妈妈"，而她称呼他为"我的孩子"。平时卢梭帮助华伦夫人整理一些资料，誊清教堂往来的单据，有时候还帮助她采集药草、抄写药方、制作药丸。华伦夫人的访客总是很多，而且涉及社会各个层次的人，有军人、医生、传教士、妇人等，她很乐于接待这些宾客，这种热情好客的作风使卢梭从中获得了不少乐趣。有时候，卢梭也与华伦夫人讨论文学，或念书给她听。华伦夫人天资聪颖，爱好文学，鉴赏力也很强，她说话时常常带有很文艺的气质，华伦夫人虽然生活在乡间，但并没有乡间妇人的庸俗和粗鄙。她喜欢与人交流，卢梭在无形中吸取了许多宝贵的处世经验。

工作之余，卢梭也没有忘记继续阅读，他在屋里找到一些书，其中有一本《旁观者》，他最为喜爱。他仔细研读书中的用字、措辞、结构和情节设置，并用这种方式来训练文法，纠正他昔日惯有的发音。

华伦夫人鼓励卢梭去神学院读书，并送给卢梭一本乐谱。偶尔她也会教卢梭唱歌，她的嗓音轻柔动人，她还会弹琴，这些熏陶使得卢梭对音乐越来越感兴趣。卢梭经常将华伦夫人送她的歌谱带在身边，反复地练习，不久后，他就学会了里面所有的歌曲。卢梭到神学院后，负责教他的是一位青年牧师加迪埃先生，他本身也在神学院进修，利用自己的课余时间教导卢梭。他长得很白净，斯斯文文的，不屑于隐藏自己的情感，卢梭从他的眼神和声音中时常能够看到忧愁。

加迪埃先生善意而有耐心地教导卢梭，他是卢梭离开家后遇到的最善良的老师。在他的悉心指导下，卢梭的思想渐趋成熟。

有一个星期日，卢梭从神学院回到华伦夫人家，远远就看见邻居的房子失火了，眼看火势就要蔓延到华伦夫人家。卢梭赶紧跑过去，全家人一起将家具搬到花园里。那天大主教正好来做客，他和华伦夫人一起跪在花园里祈祷，卢梭和其他人也一起跪下。不知道是不是这份虔诚感动了上天，总之风向转了，火势没有蔓延过来。

卢梭每次回华伦夫人家都带着那本歌谱，还会唱些在学校里新学的歌给华伦夫人听。华伦夫人认为卢梭对音乐很有天赋，有意让他朝这个方向发展。她每星期都在家中举办一次音乐会，教堂乐队的领班也常到她家中拜访。这位领班是麦特尔先生，是当时巴黎小有名气的作曲家。华伦夫人将卢梭引荐给他，并拜托他教导卢梭。麦特尔先生决定让卢梭住到他家里，以便更好地教他音乐。

于是卢梭从华伦夫人家搬到了麦特尔先生那里，他有些舍不得离开他的"妈妈"，不过这是为他的未来着想，何况两家离得并不远，卢梭可以随时回去看望华伦夫人。此后，卢梭和音乐家及合唱团的儿童们生活在一起，终日沉浸在歌唱的天地里。这种生活很自在，但卢梭仍然很守规矩，虚心努力地学习。这段生活留给卢梭最深刻的印象是音乐会的练习、合唱时的歌声、儿童班的歌唱、神父祷诵时穿的服装，以及唱诗班的帽子。卢梭经常带着他的笛子，坐在乐队旁边，尽情地吹奏。

冬季的某一个夜晚，大家聚在麦特尔先生家中的壁炉周围取暖，忽然听到一阵敲门声，女佣前去应门。进来的是一位少年，他自称是一位法国音乐家，因经济困境而四处奔波，很想在附近的教堂任职。麦特尔先生本身是法国人，所以他觉得这位年轻的音乐家很亲切，他热情地招呼他。卢梭则在一旁观察这个年轻人，他看到这个人容光焕发、精神愉快，说话也很流利，从他的谈吐中，可以知道这一定是个受过良好教育的青年。他说他的名字是王特尔，刚离开巴黎，本来准备到格勒诺布尔投奔一位亲戚，不想却在这里迷路了。

晚餐时，大家围绕音乐展开了话题，王特尔的言谈非常动人，他提到了许多音乐大师、音乐名著以及许多著名的男女演员，他描绘逼真，就如同他曾亲身体验过一般。卢梭对这个年轻人特别感兴趣，因为他有知识、有才能。

安纳西教会在当地很有地位，主持者都是神学家和一些出身贵族的人，想要入会可不是件容易的事。而且这些牧师、教士们自视甚高，对雇用来的人从不正眼相看，不礼貌的对待时有发生。他们对麦特尔先生的态度也很冷漠，其中唱诗班的领班牧师对麦特尔先生更是极为轻视。

这一年圣诞节的宗教聚餐，麦特尔先生不但没有被邀请参加，还受到了教士们的责难。麦特尔先生决定离开这里。他去向华伦夫人辞别时，华伦夫人极力挽留他，但他去意坚决。华伦夫人和卢梭只好帮助他打点行装。卢梭自然是要为他送行的，他与仆人安格一起护送麦特尔先生到了里昂。到里昂的第二天，麦特尔先生突发急病，没有知觉，口吐白沫。卢梭赶紧叫来了医生，经过救治后，麦特尔先生才慢慢苏醒，卢梭这才回到安纳西。

身为音乐家

卢梭返回安纳西时，华伦夫人已经因为要事去了巴黎，这使得卢梭非常失望，他一方面惦念着患病的麦特尔先生，一方面因为见不到华伦夫人而焦虑。无奈之下，他只好留在安纳西，等待华伦夫人回来。

卢梭先去探望了王特尔先生，王特尔现在在当地已经大受欢迎，很多贵妇人都对他倾心不已。王特尔殷勤热情地招待了卢梭。为了能跟随王特尔研习音乐，卢梭请求与他共同居住，王特尔欣然同意。

他们一起租了一个房间，房东是一个鞋店的主人，诙谐有趣，极为幽默。他常戏谑地称呼自己的妻子为"懒妇"，夫妻俩经常吵嘴，王特尔总是去当和事佬。这样四个人生活在一起，难免会发生很多趣事，卢梭常被逗得开怀大笑。

华伦夫人那里只有女佣曼勒在看家。卢梭时常去看望她，她是个性情和善、平易近人的女孩。她有很多同伴，其中有一位日内瓦姑娘，对卢梭颇有好感。其他的几位女伴对卢梭也十分客气，都把他当作自己的朋友看待，大家相处得很融洽。

有一天清晨，卢梭到田野中去看日出。那天日光柔和，田野上满是各种争奇斗艳的野花，黄莺优美的歌声从不远处的树林里传来。面对如此美丽和谐的大自然，卢梭不自觉地越走越远了。

不多久，他走到溪旁的树林里，忽然听到后面传来嗒嗒的马蹄声和女孩子说笑的声音。卢梭回头一看，原来是他认识的姑娘——格兰芬小姐和加蕾小姐。格兰芬是瑞士人，长得很漂亮，她不知道因为什么背井离乡来到这里，她与加蕾是好朋友，住在加蕾家。两个人相亲相爱，情同姐妹。加蕾比格兰芬小一岁，长得更是美丽文雅，天生丽质。她们要到一栋别墅去，但是马不肯涉水，于是叫卢梭帮忙。卢梭想鞭打那匹马，又怕被踢，而惹得两个姑娘担心。他另想了一个方法，他手执加蕾那匹马的缰绳，牵着马渡河，一匹马在前引导，另一匹马自然就跟随了。这样渡过小溪后，卢梭向她们告辞。

格兰芬很善良，她建议卢梭跟她们去那栋别墅，把弄湿的衣服烘干。卢梭看着她们，仿佛对两位姑娘的邀请有点局

促不安，略带羞涩地点头答应了。她们见他憨厚的表情不禁
笑了起来。

卢梭上了格兰芬的那匹马，坐在她背后。沿途风光明媚，
又有两位姑娘一起谈天说地，卢梭异常兴奋。到了别墅，他
的衣服早已被风吹干了，格兰芬和加蕾亲自下厨准备午餐。

用完午餐后，他们便一起到果园里摘核桃。这天过得悠
闲愉快，无拘无束，直到黄昏，他们才动身回家。这次愉快
的经历纾解了卢梭因为思念华伦夫人而产生的郁结。

曼勒许久没有收到华伦夫人的音讯了，她短时间内应该
不会回来。曼勒有意回故乡看看，她希望能有一个人跟她同
行，便邀请了卢梭。卢梭对旅行一直满怀兴趣，而且这次旅
行只需要几天的时间，于是欣然答应陪同曼勒。

曼勒在路上一直很照顾卢梭，偶尔也调皮地模仿卢梭说
话的声调和动作，这为旅途增添了不少愉快的气氛。

路经里昂，卢梭顺道去探望他的父亲。卢梭已经有好长
一段时间没有和父亲见过面了，这次相见，父子二人不禁百
感交集。卢梭的泪水更是夺眶而出，他与父亲相拥良久。心
情平复下来之后，卢梭对父亲述说了自己对音乐的兴趣，以
及成为一名音乐家的志愿。父亲看到儿子已经长大成人，并
且有了自己的志向，自然十分高兴，说了很多鼓励他的话。

数日后，卢梭和曼勒平安抵达目的地。卢梭受到了曼勒
家人的热烈欢迎，次日一早，卢梭便动身返回安纳西。

回程时，卢梭想转道洛桑，因为那里可以欣赏到美丽的

湖光山色。卢梭喜爱自然的本性终其一生也没有改变，虽然四处漂泊，居无定所，但大自然的美景总能带给他无与伦比的快乐，能抚平他心中的伤痕。

行至洛桑，卢梭回忆起在麦特尔先生家遇到王特尔的情景，他萌生了教授音乐的想法。于是卢梭决定先找一间旅舍安顿下来。他听说一位塔罗先生，据说他乐善好施，经常留过路的旅人过夜。卢梭前去拜访他，并对他说明了自己的身世。塔罗先生是位好心人，答应替他介绍学生，并承诺可以等卢梭日后有了收入再付房租。卢梭非常感激塔罗先生的善心，他的音乐生涯算是正式开始了。

之前卢梭在麦特尔先生家中学习音乐，那六个月时间里，他学到了很多，同时他又对音乐有着浓厚的兴趣。他准备在洛桑施展自己在音乐上的才华和抱负。卢梭以前学过作曲，便以作曲家自居。数日后，卢梭听说洛桑有位法学教授特雷拜伦先生，他酷爱音乐，经常在家里举办音乐会。卢梭决定去拜访他，希望能获得他的青睐。

特雷拜伦先生请卢梭作一首音乐会演奏的曲子，卢梭很高兴，花了15天时间作了一首交响曲。经过誉正、删改后，他把曲子交给特雷拜伦家中的那些音乐宾客。这首曲子沿用了王特尔教他的风格和技巧，卢梭希望能收到特殊的效果。

音乐会不久后就准备妥当，来了很多宾客，他们都要试听卢梭的新曲。卢梭首先向席上的宾客说明了音律和形式，然后站在指挥台上，手执指挥棒指挥起来。可惜音效异常混乱，不知道是那些演奏者故意为之，还是卢梭的音乐本身就没什么可取性，总之效果非常差。几分钟之后，卢梭有点慌乱了，他汗流浃背，紧张惶恐，但还是坚定地继续站在指挥台上，宾客们开始交头接耳。

有一位说道："实在难以忍受啊！"

另一个人说："真是难听到极点了！"

"真像是魔鬼音乐！我想捂住自己的耳朵！"另一个人接道。

卢梭的这首新曲遭到宾客们的指责，他失败了。遭到这样的打击之后，卢梭觉得自己无法再在洛桑待下去了，他便决定到纳沙泰尔去。在纳沙泰尔，卢梭很顺利地收了几个学生，继续教授音乐，生活费用也有了着落。物质生活虽不足忧虑，但卢梭心中一直惦记着华伦夫人。有一天，卢梭遇到一个老者，他看上去像是个神职人员，他说的是意大利语，但又像是某个偏僻地区的方言。卢梭与老者一见如故，和他畅谈起来。

言谈中，卢梭知道这位老人是耶路撒冷的一位主教，他到纳沙泰尔来的主要目的是募集资金，因为与当地人言语不通，他希望邀请卢梭做自己的翻译。卢梭欣然答应他的委托，于是两个人一起前往索尔勒。

到了索尔勒，他们先去拜访法国公使波尔侯爵。波尔侯爵曾经担任过驻土耳其公使，对耶路撒冷的情况比较了解。老主教与公使交谈了一会儿，因为公使通晓多种语言，所以卢梭并没有介入他们的交谈。一刻钟之后，老主教出来了，公使希望与卢梭谈谈。他询问了卢梭的家境和生平，他看到卢梭态度诚实，言语恳切，就将他引见给了自己的夫人。公使夫人见卢梭聪慧灵敏，非常喜欢他，便挽留卢梭留在公使馆做事，也免得跟着老主教四处奔波。卢梭非常感谢公使夫人的厚爱，答应留下来。

公使秘书马丁先生领着卢梭到一个房间，对他说道："这房间曾经的主人是一位伯爵，他和你同姓。如今你就住在这里吧，希望将来你能有比他更伟大的成就。"

这番话对卢梭而言是一种很大的鼓励，卢梭住下后，决定把房间里的书都阅读一遍，在那之前，他先写了一首赞誉公使夫人的诗，以表达自己内心的感激。

卢梭很勤奋地在公使馆工作，馆内的一名翻译官先生对卢梭颇为欣赏，他对卢梭提起他有位朋友是瑞士人，在法国军队里当团长，这位朋友的侄子也在巴黎军中任职，他想找一个助手，不知道卢梭是不是有兴趣。这对卢梭而言是个好机会，何况卢梭一直很想去巴黎，于是他马上答应下来。

公使为卢梭写了一封介绍信，并给了他 100 法郎作为旅费，临行前鼓励卢梭一定要努力向上。由此，卢梭开始了一段新的旅程。

漂泊人生

快乐的旅程

　　这次旅程耗时半个月，卢梭觉得这是他一生中最快乐的一次旅行。当时卢梭 20 岁，他独自一人漫步在乡间田野、峰壑大川，尽情地欣赏着大自然的瑰丽美景。此时的卢梭对自己的未来充满希望，他觉得足够年轻，且有公使的介绍，如果能担任军官的助手，将来一定能成为一个军人，这样也算文武双全。他想象着自己身穿军装，头戴戎帽的样子，胸中不禁充满了豪情壮志，好像自己正置身于炮火之中，眼前是战壕、堡垒，对面是敌人的军队，他面临着生死的考验毫无畏惧，勇往直前。

　　卢梭到达巴黎后，这个大都市呈现出来的景观给他留下了深刻的印象。首先映入眼帘的是宏伟的建筑物、井然而整洁的街道，卢梭参观了辉煌的凡尔赛宫和巴黎圣母院，整个城市浪漫的艺术气息将卢梭包围其中。不过他并不觉得这个城市十全十美，沿街的卖艺者和小商贩有些破坏市容，卢梭认为这很不协调。相比于巴黎，都灵似乎更为恬静和可爱，卢梭有点怀念那个宁静的城市了。

　　卢梭经由公使的推荐，很快进入军中，但翻译官的团长朋友是个吝啬的人，他想让卢梭做他侄子的勤务兵，并且没有薪水，卢梭没有答应。不久后，卢梭身上的钱花光了，虽然公使又寄了些钱给他，但卢梭意识到留在巴黎并不是长久之计，在这里找一份工作并不容易。他想起了华伦夫人，上次一别，已经很久没有见面了，卢梭的思念之情日增，他决定离开巴黎去找寻华伦夫人。

　　卢梭再次踏上旅程，他依然是独自一人。在卢梭 20 年的生命中，没有在哪一个城市待很长的时间，他一直在路上。旅行对于卢梭意义重大，他不仅在旅途中开阔了视野，增强了意志，而且借由不断的步行运动，也锻炼了身体素质，精神状态也变得振奋且乐观。沿途的美景给了他极大的精神享受，他不止一次地觉得自己的身体已经和自然界合二为一了。这些旅行也让卢梭认识到，人是自然的一部分，只有倾心地去感受自然，才能与世间万物建立和谐美好的关系，自身才能获得更长久的发展。卢梭的每次旅行都带给他不同的感触，这次行程也同样充满生机和乐趣。

　　有一天，卢梭陶醉于四周优美的环境，不知不觉中迷路了，经过几个小时的探索，也没有找到出路。卢梭浑身疲乏、又渴又饿，他走到附近的一户农家，恳请主人为他提供一点午餐，并表示愿意付钱。主人拿出牛奶和黑面包，卢梭狼吞虎咽、风卷残云般很快将这些食物吃掉了，但是仍然觉得没有吃饱。主人看出来了，他掀开厨房的地板，从地窖里取出一块白面包、一块火腿、一瓶美酒，以及一盘炒蛋，卢梭大快朵颐，饱餐了一顿。

当卢梭要付钱时，主人面露惊讶之色，很明显，他无意收取卢梭的报酬。主人再三辞谢，并告诉卢梭由于地方官吏到处扰民，所以他才将酒食面包藏起来。他还嘱咐卢梭，一定不要将这件事告诉其他人，如果被官吏们知道了，他一定会受到刑罚。这件事让卢梭认识到了平民百姓生存的不易，他们辛苦劳作，却连用自己的血汗赚来的食物都不敢享用，官吏们的压榨和社会的不公已经到了令人无法忍受的地步。卢梭为这种状况感到愤愤不平，他不禁产生一种抑强扶弱的决心，这为以后卢梭的民主自由思想埋下了种子。

到了里昂，卢梭的旅费已经快用完了，无奈之下，他只好省吃俭用，尽量不在旅社中用餐，而是到外面随便找点食物充饥。有一天晚上天气很热，卢梭决定露宿街头，他找到了一张椅子。一位教士经过这里，看到躺在椅子上的卢梭，好心地问他是不是没有地方住。卢梭对他述说了自己漂泊的经过，这位教士对他深表同情，邀请卢梭到他家过夜，并热情地接待了他。这使得卢梭很感动，虽然人情日渐淡薄，但善良的人还是无处不在的。第二天早上，卢梭拜别了教士，继续他的旅途。

之后一连几天，卢梭都在街头露宿，虽然处在这种困境之中，但卢梭一点也没有觉得烦闷或忧愁，他耐心地打听着华伦夫人的消息，期待着不久之后的重逢。

有一次，卢梭在城外过夜，那天天气闷热，草地上沾满露水，四野寂静无声，树上的黄莺啼唱着优美的旋律。卢梭漫步其中，享受着这自然的美景，一直到深夜才觉得疲倦，于是就随便找了一段露出地面的粗壮树根，躺在上面睡着了。第二天他醒来时，旭日东升，溪水潺潺，卢梭觉得心情愉悦。他一边往前走，一边唱歌，一位牧师从后面赶了上来，他叫住卢梭，询问卢梭懂不懂音乐，卢梭回答了他一些关于音乐的问题，并谈及自己抄写歌谱的专长。牧师听了很满意，便对他说："你跟我来，我要请你帮几天忙。我会负责你的食宿。"卢梭很乐意地答应了。

这位牧师已经退休了，他很喜爱音乐，他请卢梭做的事情就是抄写乐谱。三四天后，卢梭抄完了第一本。牧师对他的工作很满意，因为卢梭誊写的乐谱井然有序，文字清晰而且整洁。牧师除了负责卢梭的食宿之外，还给了他一些薪水。几天后，卢梭终于和华伦夫人取得了联系，她还寄了一些生活费给卢梭。

华伦夫人现在住在尚贝里，卢梭得到她的消息之后，心中顿时踏实了许多。现在生活费的问题也得到了解决，卢梭并没有急着去找华伦夫人，他在里昂又逗留了七八天，然后动身前往尚贝里。途中，卢梭依然没有忘记欣赏美景，天气好时，他四处流连观景，那些悬崖、苍松、花草、高山和崎岖的道路都是卢梭特别喜爱的，他从中体会到了旅行的真正趣味。几天后，行至尚贝里附近时，卢梭又驻足观看邻近的山峰，以及峭壁悬崖下的深谷溪流，他居高临下，俯视着令人心惊的激流，一股豪情壮志油然而生。

　　不久后，卢梭到达了目的地尚贝里，找到了日夜思念的华伦夫人。

　　见面后，华伦夫人热情地牵着卢梭的手，向坐在旁边的一位宫廷总管安东尼先生介绍说："这是一个可怜的年轻人，请您介绍一份工作给他，他一定会非常努力的。"安东尼先生答应了华伦夫人的请求。他为卢梭安排了一份文书的工作，虽然这只是一份临时工作，但对于卢梭来说，他漂泊这么久，这是第一份正式工作。时为1732年，卢梭20岁。他的知识在随着年龄而增长，他也懂得了许多人情世故，更让他开心的是，经过几年的漂泊生涯，他终于又与华伦夫人相聚了。

卢梭在尚贝里的住所

　　在尚贝里华伦夫人的住所，卢梭有如回到自己家中。虽然这栋房子远没有在安纳西的房子舒适，不过卢梭随遇而安的个性倒也不太在乎这些。华伦夫人迁居于此，纯粹是为了使她的宗教工作更为方便，当时的法国皇室内部混乱，华伦夫人怕自己的年俸被消减，所以搬到尚贝里以便更接近皇室的所在。这间房子是宫廷总管安东尼的财产，华伦夫人寄居于此，不久后，她就和安东尼成了好朋友。

　　华伦夫人的那位忠仆安格一直随侍在她身旁。他从小以采茶为生，熟识各种药物，对植物学很有研究，为人豪爽，对主人十分忠实，办事细致周到。华伦夫人很敬重他，卢梭也很尊敬他，并开始跟他学习植物学。

病痛

　　卢梭在尚贝里住下之后，一有闲暇时间就致力于研究学问。他常常自己研读数学、几何学、植物学、化学及解剖学等课程，其中他最感兴趣的还是音乐。和华伦夫人一起学习音乐是他最快乐的事，音乐是他们感情的媒介。

　　有一回，华伦夫人正忙着制药，卢梭发现一首极为动听的合奏曲，就对华伦夫人说："妈妈，有一首合奏曲很动听，你一听到它就会忘记那些药。"

　　"啊！真的吗？"华伦夫人答道，"如果我真的因为这首曲子把药煮焦了，一定叫你把药灰吞下去。"

这样开着玩笑，卢梭将华伦夫人带到风琴边，曲子一响起来，华伦夫人果然沉浸在优美的旋律中。等她回到现实世界，火炉上的药已经烧成了灰烬。于是华伦夫人将药灰抹在卢梭脸上，这样有趣的情景总是令卢梭回味不已。

卢梭对音乐的兴趣越来越浓，并有意继续朝音乐发展。当时尚贝里有一位教士巴莱先生，他是位音乐家。卢梭与他相识后，很快结为挚友，他们经常一起研习音乐。卢梭还向华伦夫人建议每月在家中举行一场小型音乐会，音乐会通常由巴莱先生弹琴，卢梭指挥，华伦夫人和其他朋友也会加入演奏。在这种环境的熏陶下，卢梭的音乐造诣增进许多。

卢梭一心喜爱音乐，便放弃了文书职务，全力从事音乐工作。当地人逐渐知道了卢梭的音乐才华，求教的学生也日渐增多。卢梭又开始以教授音乐为生，这次，他获得了成功。他喜欢在音乐室的生活，那是与办公室生活的单调、狭隘截然不同的有趣和欢愉，而且，卢梭教授音乐获得的薪水比当文书的收入多很多。

尚贝里有一种愉快的气氛，这是那些愉快而善良的人们营造出来的，外地的贵族也都喜欢搬到这里来居住，他们过着闲适的生活，多半以名誉和礼仪为重。当地的一些上流家庭都极为欢迎卢梭，殷勤地款待他。那些贵妇人和贵族小姐对卢梭的才华也都极为倾心。

卢梭和华伦夫人居住在一起，他们的感情越来越深厚。

卢梭对华伦夫人的感情不仅是热忱，还有崇敬。他经常称华伦夫人为"妈妈"，自认为是她的儿子。而华伦夫人经常教导卢梭处世经验、为人的修养和判断力，她处世老练，深通世故，对卢梭的教导十分尽心，这使得卢梭日后受用无穷。

安格也和他们生活在一起，在日复一日的朝夕相处中，三个人形成了一个小团体，彼此都不能分开。他们的希望、思想和感情都十分投契，这种生活慢慢变成习惯。如果吃饭时有一人未到，或多了一人，他们都会感到不自在。当他们只有两个人相处时，则会感觉不如三个人在一起时那么快乐。他们彼此信任，做事都很勤勉。华伦夫人事务繁忙，又喜好交际，卢梭和安格也就时时有事可做，不至于流于闲散。后来华伦夫人想在尚贝里建一个皇家植物园，想聘请一个园长，她中意的是安格，因为他对植物很熟悉。植物园的所在地准备选在阿尔卑斯山脉，那里有气候宜人的山谷，极适于植物生长。华伦夫人还想增设一个药剂学校，这对当地生活较贫困的人来说很有帮助。那时正好有一位退休医师来到尚贝里，华伦夫人便极力请他帮忙促成此事。

如果这个计划能实现，卢梭便可以专攻植物学了。可惜的是，这时候发生了一件让华伦夫人和卢梭都十分悲伤的事。有一天，安格与那位退休医师一起到阿尔卑斯山脉中采集一种药草，回来后安格不幸染上了伤风，逐渐转成肺炎。医师尽全力挽救他，华伦夫人和卢梭日夜守候在安格身旁，可是五天后，他还是与世长辞了。

卢梭和华伦夫人失去了这位挚友，心情非常悲痛。这个不幸对华伦夫人的打击不仅仅是精神上的，还有物质上的。安格是个正直的人，做事有条理，善于持家理财，他去世后，华伦夫人家的财政状况日渐入不敷出。

卢梭眼见家道没落，便更努力地教习音乐，以免日后无法维持生计。这样的生活过了两三年之久。卢梭在从事音乐工作的同时，也经常四处游历，然而他始终没有忘记读书。早在卢梭回日内瓦时，就有朋友激发了他对文学的兴趣。他在尚贝里时认识了一位物理学教授，在他那里卢梭学到了如何利用瓶子作爆炸试验。有一回卢梭作实验时，不慎被炸伤，双眼受损，治疗了一个多月才恢复视力。

这时候的卢梭虽然年轻而充满活力，但是他的身体状况却有些不对劲，他时常感到呼吸不畅，好像受到压迫一样，有时甚至还会咳血。卢梭有些烦闷和忧虑，一方面为自己的身体，一方面为华伦夫人日渐拮据的经济状况。

卢梭的身体一天比一天衰弱，往日的热情和活力也逐渐消失了。华伦夫人经常坐在床边日夜照顾他。一段时间之后，经过华伦夫人的悉心照顾，卢梭的病情终于有所好转。

迁居乡间

卢梭的病体虽然日渐痊愈，但精神状态仍未复原，胸部时常还会感到压迫感，偶尔还会发烧，住在尚贝里那栋房子里，卢梭感到压抑、不开朗。华伦夫人有感于此，便准备搬到乡下去，以便卢梭的病体能够早日康复，但是华伦夫人怕突然说要离开，安东尼会不高兴。她对卢梭说："到乡下隐居是个极好的计划。不过我们还是要顾虑一下以后，如果跟安东尼说不住在这里了，之后再遇到经济困难想要回来就没那么容易了。不如我们暂时先找一间离市区不那么远的房舍，闹中取静，既对你的病有好处，将来也可以再回来居住。"卢梭同意了华伦夫人的建议，于是两个人按照计划搬到了城外的沙尔麦特村。这里离尚贝里很近，但颇有乡村的味道，它位于两座高山之间的谷地，其间有水流涓涓，树影层层，风景绝佳。他们找到的房子也很幽静，前有高山，后有花园，山上是水草肥美的牧场，一切都充满了乡村风味。

卢梭与华伦夫人迁居至此。卢梭感动于华伦夫人对他的真挚情谊，他热泪盈眶地对她表示感谢和敬意。

住在沙尔麦特村，卢梭充分享受到了人生的乐趣。他以山泉代替药物，清晨散步前就先喝两杯泉水，这对卢梭的身体健康虽然有一定帮助，但过犹不及，因为水中矿物质含量太多，不到两个月，卢梭的胃就有些承受不住了，他不得不适当地减少泉水的饮用。卢梭每天早晨起得很早，在山谷林间读书、摘野果，或帮助华伦夫人做一些家事，他时刻都感到无比快乐。一天早上，卢梭在搬动一张桌子时，忽然觉得心跳耳鸣，不多会儿，他感觉自己听不到声音了。后来经过检查，他虽然没有彻底失聪，但听觉已有障碍。这次突发疾病使得卢梭还患上了失眠，然而这次意外并没有使卢梭失去对人生的希望，他的求生意志十分坚强，总是认为生活的每一天都是一个新的开始，加上华伦夫人的陪伴和鼓励，卢梭更加坚定了自己的信念，绝不向命运低头。

不久后，卢梭的心情渐趋平静，田园间的自然风光、优美的牧场景色，以及饲养家畜的淳朴活动，都为卢梭的生活增添了许多情趣。他借这些逍遥度日，精神一天天恢复起来。

田园生活虽然充满无穷趣味，但毕竟有些脱离现实社会，冬天来临时，卢梭和华伦夫人决定搬回城里。告别沙尔麦特村时，卢梭依依不舍地亲吻着那里的树木和泥土。

与城里的朋友太久没有联系了，彼此的往来也早已中断，卢梭以前教的学生也长时间没有任何联络了。除了一位萨洛蒙医生外，很少有人来访。

萨洛蒙医生是一个和善而有学识的人，时常喜欢谈论些关于宇宙法则的见解。卢梭不喜欢烦琐的言语，但对真正的知识一直有浓厚的兴趣。他平日喜欢和萨洛蒙医生攀谈，从他那里学到不少专业知识。

春天，卢梭和华伦夫人又重返乡间。卢梭的身体仍然很衰弱，但他还是饶有兴趣地从事一些体力劳动，往往没多久就气喘乏力，汗湿全身。此外，他还饲养鸽子，这种活动需要极大的耐心。经过一段时间的驯养，卢梭竟然能够让鸽子听他的指挥，甚至落在他的手臂或头上，这种驯养动物的活动使卢梭从中体会到无穷的乐趣和无拘的自由感。

虽然仍在病中，卢梭却一直很用功，夜以继日，手不释卷，他似乎能够在读书中将病痛淡忘。读书使他的精神和身体都感到舒适，当时流行的学说，他都有所涉猎，尤其是拉密的《科学杂谈》，更令他百读不厌。卢梭的读书方法有些特别，以往他都要将一本书的意义融会贯通，得到结论才肯罢手，因此，每当他读一本书，可能还没读到第 10 页，就已经翻遍了相关的参考书。后来卢梭觉得这种方法太浪费时间且获益不多，他想找到一种新的读书方法。卢梭认为做学问首先要了解各种学科之间的相互关联，以及在关联之处融会贯通的意义；然后选择一个主要的学科，其余的都算是辅助学科，这样的方式可以迅速而准确地找到自己的关注点，并以其他学科的知识来支持自己的关注点。在这种思想的指导下，卢梭先把百科全书中的各种学问粗略地浏览一遍，然后将各类知识重新综合，经过思考，常能得到一个统一的结论。这样的研究方式令卢梭觉得趣味横生。从前他读一本书时，看不了几页就感到头晕目眩，非常疲惫。如今采用这种新方法，把各种专业知识交替阅读，涉猎更为广泛，趣味性也更强了。

利用这段休养的时间，卢梭用功读书，丝毫不敢浪费时间。每天早晨太阳还未升起，他就已经起床了，起床后沿着邻舍的草地在美丽的乡间小路上散步。散步时，卢梭总是真心诚意地感谢大自然赐予的美好景色。散步归来，太阳已经出来了，卢梭会遥望华伦夫人的窗口，如果那扇窗已经打开，表示华伦夫人已经起床，卢梭就会三步并作两步地跑回来与华伦夫人共享早餐；如果那扇窗还没有打开，卢梭就会在他们的花园里徘徊，或是做些园艺等待华伦夫人醒来。

他们的早餐通常是面包和咖啡或牛奶，餐桌上，他们愉快地聊天。早餐过后，卢梭就开始读书，一直到中午才休息。这时候，卢梭读了几本哲理书，有洛克、马勒伯朗士、莱布尼茨、笛卡尔等名家的著作，他认为这些人的学说有彼此矛盾的地方，取各家所长，卢梭理出一条清晰的理论。在卢梭的刻苦努力下，他的思想体系日渐完备，对于一些事情的看法和见解也日渐成熟。

卢梭也努力研读几何学、数学等学科，在拉丁文上，他也下了许多工夫。卢梭每天读书到中午，如果午餐尚未备妥，他就去喂鸽子或整理花园，他的身体虽然孱弱，胃口却很好。他们每星期总有几次要在屋后的凉亭里喝下午茶。亭边环绕着卢梭种的藤萝，阴凉清爽，是消暑的好地方。他们经常在凉亭周围逗留，看看花圃，闲话家常。花园的后面还有一窝蜜蜂，卢梭与华伦夫人经常一起去观察它们。蜜蜂采花粉回来时，小小的脚上沾满了花粉，好像都飞不动了，那副样子让他们觉得很有意思。有两三次，卢梭因为离蜂窝太近，被蜜蜂蜇得满头包，后来相处时间久了，蜜蜂似乎认识他了，就不再蜇他。

午后，卢梭仍然继续读书，下午通常读的是历史、地理等书籍，因为这两门学科在卢梭看来比较不费脑力。他也对天文学很感兴趣，可惜因为近视，无法观察星象。卢梭曾经想要了解星座的位置，于是就在花园里点着灯对照一张天体平面图，用仪器观测星座。邻居们都是早早便休息了的农人，他们远远地看见花园里还有灯火，以为这里闹鬼，很是骚动了一阵。卢梭还看了许多宗教书籍，了解到轮回、地狱等说法之后，他有时会自问："我死了以后会如何呢？会遭受地狱的酷刑吗？"有一天，他正为此事疑惑不解时，忽然想到一个预测方法。他心想："我用石头打前面那棵树，如果打中，我就会得救，否则我就会下地狱。"然后他拿起石头扔了出去，竟然真的打中了那棵树。这是一种幼稚的行为，很多年后，卢梭自己想起来，也不禁哑然失笑。

乡间生活非常愉快。有一次，华伦夫人过生日，他们共同到山谷游玩。在林间休息时，他们谈到重逢团聚的乐趣以及个人的命运。当时四周环境清新，溪流潺潺流淌，天空洁净澄澈。他们把带去的食物拿到一户农家加工烹调，并与农人共享这些食物。餐后他们在大树下纳凉，卢梭拾了些干柴烧咖啡，华伦夫人则在花丛中采集植物，并向卢梭解说它们的形状和功用。

幸福的日子就这样一直延续着。华伦夫人也是热爱大自然的人，这段时间的田园生活更让她深刻感受到了大自然的可爱。她致力于田间工作，有时租一块地耕种，有时又买下牧场的动物饲养，她像所有农人一般辛勤地劳作。卢梭也竭力帮助她，这是他愿意做且对他的身体极有好处的事。

1737 年初，卢梭的身体一直没有完全康复，他怀疑自己得了什么不治之症。听说蒙佩利埃有个费兹医生，医术高明，包治百病，华伦夫人劝卢梭前往就医。卢梭采纳了这个建议。

卢梭乘马车出发，途经莫朗市的加尔大桥，那是一个建在沙漠上的雄伟壮丽的工程，它的作用在于通引水道。卢梭不禁赞叹这座建筑的伟大，仰慕之心使他不敢任意把脚践踏在上面，脚底的回音好似当时建筑工人嘹亮的号子。在如此雄伟的建筑物下，卢梭觉得自己非常渺小，有如沧海一粟，他感慨自语道："我为什么不是罗马人呢？"如此羡慕赞叹了许久才离开。

到了尼姆，卢梭特地去参观罗马竞技场遗迹。那里气势壮观，给卢梭留下了深刻的印象。他就这样一路游历，好像连自己的病情都忘了。等他到达蒙佩利埃时，心情的抑郁已经消失了，不过他仍然去拜访了费兹医生。

卢梭暂时住在当地的一个医生家里，每天依照费兹医生的处方吃药，并常和同住的许多寄宿生一起游玩。每天下午，他都到城外去散步或观看他们打球。野外散步对卢梭的身体很有益处，那些学生天真活泼的样子也使卢梭觉得自己的生活充满了生趣。费兹医生诊断不出卢梭的病因，只说是一种"神经方面的病"。卢梭在此住了大约两个月，身体也没有恢复，他决定返回沙尔麦特村。

回程中，卢梭写信给华伦夫人，告诉她关于诊断的情形以及何时到家。他想起昔日在乡间养病的生活，以及华伦夫人细心的照顾，不禁心情愉悦起来，期盼着和华伦夫人的再次团聚。

离开华伦夫人

1737 年 10 月，卢梭回到沙尔麦特村。华伦夫人殷切地询问他治疗情况以及路上的见闻，卢梭一一作答。晚餐时，他发现家中多了一个年轻人。华伦夫人介绍说，这是柯迪，是位理发师，暂时住在家里。华伦夫人与柯迪是同乡，所以对他有些另眼看待。他对卢梭说话时，总是喜欢摆架子，说他与某些贵妇人熟识，曾为许多贵妇人理过发。卢梭离家的这段时间，他俨然代替了卢梭的位置。

柯迪对华伦夫人极为忠心，他很卖力地做一切琐事，并兼起管理工人的工作。他将农场和牧场的事管理得井然有序，平日常见他手拿斧头和锄头在锯木、劈柴或做其他事情，有时也东奔西跑，大声指挥工人。他的忠心赢得了华伦夫人的信任。

没过多久，卢梭就感到这个年轻人已经取代了他在家中的地位，华伦夫人对自己的感情似乎冷淡了许多。卢梭觉得曾经的幸福、快乐、安适，以及和华伦夫人的亲密感情已经烟消云散了，往后的日子将更加黯淡和孤独。

有一次，卢梭像往常一样外出散步，回来时，华伦夫人责备他不管家事，卢梭非常委屈，他下定决心，要重新赢得华伦夫人的爱，并且设法与柯迪和谐相处，营造一种之前安格在时三个人那种和谐友爱的局面。可惜柯迪对于卢梭的示好显然并不领情，他觉得卢梭卖弄学问，虚伪造作。他认为这个家中的一切事务都应由他一人负责，他是家中的重要人物，所以一直对卢梭很冷淡。

华伦夫人虽然仍会和卢梭愉快地说笑，但卢梭感觉得到，他们之间的感情日渐淡薄。他之前的设想失败了，他常感到孤独，为缓解这种情绪，他只能在房中读书，或跑到森林中放声大哭。柯迪俨然成了这个家的主角，卢梭则变得可有可无，他有意离开华伦夫人。

一次很偶然的机会，在当地一位熟人的介绍下，卢梭得以到里昂的马布里先生家教导他的两个小孩，他开始了一段教书生涯。

昔日卢梭教授音乐时，积累了丰富的教育经验，教导两个年幼的孩子，自然得心应手、游刃有余。这两个孩子，一个八岁大，活泼听话，接受知识也容易些；另一个五岁，领悟力还不够，教起来有点费力。卢梭很喜爱教书，这次在马布里先生家中的教学经验，为他日后的教育学名著《爱弥儿》中的一些思想埋下了种子。

在里昂的日子，卢梭时刻想念着沙尔麦特村的景色，花园、树木、流水、牧场以及最亲爱的华伦夫人。一段时间之后，卢梭在思念之情的催促下，决定返回沙尔麦特村，即便华伦夫人冷淡的态度和柯迪的不友好使他十分不安。

卢梭这次回来只希望能和华伦夫人团聚，华伦夫人虽然很热心地招待他，但卢梭感到气氛客气而疏离，他在这个家中俨然是个多余的人。除了吃饭时间，卢梭都独自一人沉溺在书本中，他希望能从书中得到安慰并且增长学识。回忆从前的日子，卢梭不禁感慨异常，这些感慨成了他创作的温床，他时常写出一些优美的诗篇：

假如这个被束缚的心灵能解脱，

散发出永久的光明，

我将露出那可爱又可人的面孔。

妈妈啊！你那温柔的品性，

以及善良的心，你的诚实和操守，

足以掩饰你的一切缺点，

而这些缺点，也不是你的坏处，

你所有的得失，也非罪过，

你的行为有时固受非难，

然而，你的心地却始终纯洁！

卢梭的小书房成为他唯一属于自己的地方。不久之后，华伦夫人的经济情况开始不如从前，柯迪又是个浪费的人，以至于华伦夫人的年薪常常不够开销，连房租都付不出，还拖欠了一笔债务，卢梭为此忧心忡忡。

重返巴黎

卢梭平日钻研学问时，涉猎的范围很广，他强烈的好奇心驱使他没有局限于艺术或科学方面。另外由于对音乐的热爱，他不断深入研究，并想出了一种用数字代替音符的简易记谱法。他用数字 1、2、3、4、5、6、7 来代替 Do、Re、Mi、Fa、So、La、Si，这样记谱简单而且准确。

卢梭想，如果自己发明的这种记谱法受到欢迎，并在世界范围内推广，他就可以得到一大笔财富，也就可以解决华伦夫人目前的困境。卢梭带着这种新的记谱法和他撰写的音乐论文准备前往巴黎，将其呈给巴黎大学音乐学院。华伦夫人知道他的打算之后，非常赞成，并祝福他能一举成名。

这时的卢梭因为崭新的希望而文思泉涌，他写了一出歌剧，充分表现出了他的音乐才华。其中有一首长诗《给芬妮》是特别写给华伦夫人以表示感激的；还有一首诗，借动物表达了他内心焦虑、渴盼成功的情感。

卢梭带着他的新记谱法、音乐论文、歌剧以及 50 法郎满怀信心地起程前往巴黎。在里昂时，他获得了几位友人的介绍信，其中包括给卡斯泰尔·博茨先生的信。博茨是音乐学院的秘书，如果能够得到他的引见，卢梭的愿望就比较容易实现了。

卢梭带着介绍信去拜望博茨先生，获得了博茨一家人的热忱款待。博茨先生为人慷慨，经常邀请卢梭去他家吃饭，在几次聚会中，卢梭认识了雷奥米尔先生。雷奥米尔与音乐学院一直关系良好，他答应帮卢梭向艺术学院陈情，使他的作品能有送审的机会。

1742 年 8 月 22 日，卢梭将他修订好的作品呈给了音乐学院。他在众多审查委员面前朗读他的论文，那简洁的措辞和新颖的内容十分吸引委员们的注意。卢梭有时必须接受委员们的质询，他总是有条不紊地回答他们的问题。他认为他创造的新记谱法是音乐史里程碑一样的成果，但委员们并不赞同，某位委员指出昔日已有一位教士首先创造了用数字代替音符的记谱法，卢梭只不过是沿袭前人的方法，甚少创新。卢梭屡次声明他的方法简易且准确，这种优点是前人的方法不具备的，但委员们一致否定了他的看法。经过数次审查，委员们做出这样的结论，卢梭的记谱法可用于演唱，但不适合演奏。为了向卢梭表示安慰和鼓励，艺术学院颁发了一个纪念证书给他，上面写着他的作品具有价值等。

卢梭失败了，他心中很不平，不过当他听了雷奥米尔先生的评语后，觉得这次失败使自己受益匪浅，当时雷奥米尔对卢梭说："你的记谱法很有价值。它代表音阶强弱相差的度数，是平常的符号所不能表达的。不过学习者需要花费点心思才能学会，这是缺点。至于现在流行的符号，好处在于它清晰明了。比如两个音阶一强一弱，再在中央加进间接的符号，我们就可以很轻易地看出那些间接符号的度数。但是，用你的方法，人们需费时计算音阶的度数，并不那么直观明了。"

卢梭将自己的论文手稿重新整理，某家出版商很赏识他的作品，并将其出版，卢梭满怀希望地以为这部作品能够引起反响，但很遗憾的是它的销路很差，这使卢梭又一次遭受了重大的打击。他虽然致力于音乐创新，希望自己的方法对音乐爱好者能有所启发，但获得的效果太少，除了少数几个学者对他倍加赞誉之外，并没有造成预期的反响。

拿着介绍信，卢梭又拜访了卡斯泰尔先生，他是一位基督徒，十分喜爱音乐。两人在第一次会面之后，很快成了好朋友，时常畅谈人生。卡斯泰尔社会经验较多，他劝卢梭为人不要太过天真，卡斯泰尔对卢梭说："那些音乐家和科学家既然不欣赏你，我劝你还是换换方向吧。你不妨将这些歌谱演奏给夫人们听，也许你在这方面会得到一些成就。我在伯瓦尔夫人面前提到过你，你拿着我的介绍信去拜访她，她是个善良且爱好音乐的人，我想她会很高兴见到你的。她的女儿布洛伊小姐也是个才女。另外杜宾夫人那儿你最好也去拜访一下，我已经替你引荐过了，你可以把乐谱送给她，她一定会很高兴的。在巴黎，如果得不到贵夫人的帮助是不能成事的。"

卢梭听了这番话，经过几天的考虑后，决定去拜访伯瓦尔夫人。见面时，伯瓦尔夫人对卢梭十分客气，正好她的女儿布洛伊小姐也在，伯瓦尔夫人便向女儿介绍说："这位就是卢梭先生，卡斯泰尔先生曾向我们提过他。"布洛伊小姐对卢梭的乐谱大加

成年后的卢梭

赞赏，三人相谈甚欢。一个小时后，卢梭准备告辞，伯瓦尔夫人坚持留他共进午餐。卢梭婉言推辞了一番，最后碍于伯瓦尔夫人的热情相邀，不好意思再推辞。同桌吃饭的还有一位贵客拉姆瓦先生，他和布洛伊小姐都是善于言辞的人。饭后，卢梭朗诵了自己的一首诗给大家听。这首诗感情真挚而饱满，布洛伊小姐竟感动得为之流泪。她对母亲说："妈妈，我早说过他很有才华，不是吗？"

一直遭遇失败的卢梭听了布洛伊小姐的话，顿时感觉舒畅了很多。布洛伊小姐认为卢梭如此有才华，一定会在巴黎崭露头角。她为了勉励卢梭，送给他一本格言录。

自从这次见面后，伯瓦尔夫人和布洛伊小姐开始关注卢梭的近况。后来，卢梭还去拜访了杜宾夫人，杜宾夫人是位名门闺秀。卢梭拜访她时，她正在化妆，头发蓬乱，穿着一

件睡袍。杜宾夫人翻阅了卢梭的乐谱后，便和卢梭一起弹琴唱歌，并留他吃饭。卢梭对她日久生情，但始终不敢开口表示，唯恐冒犯了她。他写了一封情真意切的信给杜宾夫人，三天后才收到回信，信上说了些客套的话，对卢梭的爱慕表现得很冷淡。这段爱情对卢梭而言，发生得快，消失得也快。

杜宾夫人的继子名叫法兰，他和卢梭年岁相仿，长得俊秀，很有才干。法兰喜好结识才俊之士，又擅长音乐和绘画，他逐渐与卢梭熟识并成为挚友。于是卢梭搬到法兰的寓所与他一起居住，并研习化学。他们嗜好相同，经常前往附近的歌剧院欣赏歌剧。有一天，法兰建议一起去听歌剧，卢梭同意了。他们到了歌剧院，法兰买了两张票，交给卢梭一张后就径自入场。卢梭走在后面，但人潮汹涌以至于他无法入场。他看见歌剧院里站满了人，就到售票处把票退了。这件事引起了杜宾夫人的不满。

杜宾夫人认为卢梭既然是法兰的朋友，就不应该不守约定还将票钱据为己有。卢梭后来对杜宾夫人解释他并非有意这么做，但杜宾夫人显然不打算原谅他。不久后，抑郁中的卢梭染上了支气管炎，静养了一段时间。

卢梭也时常和狄德罗来往，他们两人年龄相仿，狄德罗也喜欢音乐，爱好读书和写作，而且具有为人类谋幸福的高尚情操。他虽不及卢梭英俊，但那宽阔的前额、敏锐的眼睛使他的外貌极为突出。狄德罗初抵巴黎时，做过家庭教师，后来由于学生顽皮不驯，他只好离职。接着他担任过翻译，编辑书目、写祷告词。他与卢梭认识时，正与一位裁缝师的女儿相恋。卢梭与狄德罗相聚得十分愉快，他们建立了深厚的友谊。

法国驻威尼斯大使馆

布洛伊小姐和伯瓦尔夫人很欣赏卢梭的才干，便介绍他到法国驻威尼斯大使馆当秘书。卢梭十分向往水城威尼斯的风光，如今终于有机会一见。

1743年7月，卢梭抵达法国驻威尼斯大使馆。他最初的设想被彻底毁灭，因为他面前有堆积如山的公文需要处理，他根本没有时间外出欣赏都市美景。不过好在，这份工作还没有让卢梭觉得十分困难，一个星期之内，他就将公文处理得井然有序。他对自己现在的头衔——法国驻威尼斯大使馆秘书，十分满意。

卢梭认为如今自己已经算是有地位的人了，奢侈享受的思想开始萌芽，他每天的车费就要花掉六法郎。这种浪费的行为使得他的上司——驻威尼斯大使深表不满。大使是个稍有点吝啬的人，他的节省观念根深蒂固，他越来越不喜欢卢梭。

有一次，大使邀请使馆内的职员一起欣赏音乐会，并要他们乘坐他的小游艇，但却不准卢梭上船。卢梭对此事深感愤怒，他写信给大使，辩护说这是他应有的权利。

除了这些偶然的争吵事件外，使馆的工作还是令卢梭很满意的。首先，它使卢梭维护了自尊；其次，使馆秘书的头衔使卢梭享有某种特权。这时，他觉得应该写信给华伦夫人，叙述他的近况及对她的思念之情：

　　　　我现在很好，但是非常思念您。让我祝福您和您的那些朋友。妈妈，我觉得好像与您分离了一个世纪那么久，我实在很希望能跟您团聚。

　　卢梭这时期的生活有如贵族亲王一般，他拥有许多贵重物品。由于对音乐及戏剧的喜好，他经常去欣赏音乐会和歌剧。公务之外的闲暇时间，卢梭也在努力创作歌曲、诗作、

威尼斯景色

芭蕾舞剧，以及抒情浪漫的歌剧。某一天，他租了一架风琴，并邀请众多音乐界朋友一起举办一场私人音乐会。音乐会上还有一群职业芭蕾舞者表演他的作品。这样的音乐会带给卢梭极大的满足感和成就感。

卢梭在威尼斯时，经常与当地的贵族来往，并常和他们相偕唱歌玩乐，意大利的音乐环境令他流连忘返。有时，他看到小艇上的船夫互相对唱，觉得十分有趣。

大使对卢梭日渐反感，他常常指责卢梭。卢梭终于忍无可忍，有了辞职的念头。

有一次，一位公爵来威尼斯游玩，大使为他准备了一场欢迎晚宴。卢梭见大使迟迟不到，就擅自决定晚宴开始。事后，大使厉声地指责卢梭道："我的秘书居然顶替我与一位贵族共进晚餐！"

卢梭冷冷地回答说："阁下，您给我的职位增添了我的光彩，但我还不至于有越权的行为，况且昔日我曾被赋予特权与威尼斯的议员共进晚餐，为什么我就不能和公爵一道进餐呢？"

卢梭和大使的争吵渐渐增多，他决定辞职。离开大使馆后，他再度恢复自由之身，但面对着茫茫前途，卢梭又该何去何从呢？他想到了华伦夫人，立即写信给她，述说他此时的心境：

我对您的近况感到担忧，您所做的事都是依循上帝的旨意而行，您热心助人，但却总是招致困扰。

您问及我的近况，啊！妈妈，我爱您，我时时惦记您，我对大使馆的工作甚为不满，虽然人们同情我的境遇、尊敬我，但他们并未给我公理正义。

我希望由此证明我的能力以及我的自尊。最后，我永远期望能与您同享快乐。

卢梭决定返回巴黎，在路过里昂的途中，他有心去看望父亲，但又唯恐继母对他喋喋不休。后来经由好心的朋友的安排，卢梭与他父亲在一间餐厅里重逢，短暂的相聚之后即依依不舍地道别。

戴莱丝小姐

卢梭抵达巴黎时，受到当地朋友们的热情款待，不过伯瓦尔夫人和她的女儿布洛伊小姐对他在大使馆的表现颇有微词。虽然朋友们对他有些误解，但他的自尊，以及他所付诸的行动，能够证明他的所作所为是正确的。

正当卢梭情绪消极、生活日渐贫困之际，他认识了戴莱丝小姐。那时他经济拮据，迁往宁静的圣康坦旅馆居住，并致力于音乐创作。旅馆的女主人是奥尔良人，她雇了一个同乡的女孩子做侍者。这个女孩子名叫戴莱丝，23岁左右，出身良好，父亲是奥尔良造币厂的职员，母亲经商，兄弟姐妹众多。后来造币厂倒闭，父亲失业，母亲经商失败，全家一起来到巴黎，一家人的日常开支都要依靠她的薪水。

卢梭初见她时，发觉她很朴实又温柔伶俐。那时只有卢梭一人身份较为特殊，其余的不是用人就是教士。同桌吃饭时，人们经常讥笑戴莱丝，卢梭总是出面替她解围，并自告奋勇当她的保护者。戴莱丝对卢梭非常感激，时时跟随在卢梭左右。

戴莱丝和卢梭彼此都有点羞怯，因此双方的感情一直没什么进展，旅馆的女主人在发觉他们暗生情愫后，对戴莱丝颇为不满。于是卢梭成了戴莱丝唯一可依靠的人。他觉得戴莱丝朴实无华，心地善良，表示愿意与她长相厮守，但是无法与她结婚。

戴莱丝接受了卢梭的爱，但似乎心里有些事情，不知道如何开口。有一次，她终于向卢梭倾吐了她心中的秘密，她哭泣着说她因年幼无知，被一个男人骗去了贞操。卢梭这才明白之前戴莱丝为什么会欲言又止。他和气地对她说，自己并不在意这些，能够拥有这样端庄、健康的女孩已经很满足了。

自此之后，他们开始愉快地生活在一起。戴莱丝的温柔善良让卢梭体会到了家庭的温暖。自从离开华伦夫人，卢梭心里一直很孤寂悲痛，这种失意的心情急需一位伴侣的安慰，而天真温柔的戴莱丝无疑是一个适当人选。卢梭自从和戴莱丝在一起之后，渐渐恢复了活泼的个性。

卢梭时时教授戴莱丝一些知识，可惜她天赋较差，领悟力也不够，虽能写些粗浅的信件，但无法专心读书。他们住的地方对面就是钟楼，卢梭费了许多时间教戴莱丝认识时刻，但效果不佳；一年 12 个月的次序，她也弄不清楚；外出购物时，她算不清价钱。尽管如此，她依然是卢梭困顿时带给他最多安慰的人，她会为卢梭作最好的安排和最有益的计划。而且她在贵族的交际中应对得体，获得了他们的尊重，这种表现令卢梭引以为傲。

与戴莱丝的爱情给了卢梭创作灵感，安定的生活也让卢梭有时间和心情创作。不到三个月，他就完成了一部歌剧全部的歌谱和歌词。然而正当卢梭沉浸在欢乐中时，他的父亲不幸去世了。这个噩耗使卢梭悲痛万分，虽然他与父亲分离已久，而且很少有机会见面，但儿时和父亲读书嬉戏的情景一直在他的脑海中，未曾忘怀。父亲为卢梭留下一笔为数不多的遗产。卢梭将其中一部分寄给了华伦夫人，以缓解她的经济压力。其余的部分留下来作为和戴莱丝的家用。这时候，戴莱丝的家人搬来与他们同住，卢梭的经济负担很大，要维持这么多人的生活实在很困难。卢梭一心想把完成的剧本出售，好赚点钱贴补家用，但是剧本一直卖不出去。后来幸亏法兰先生的帮忙，聘请他处理文书，每年可得八九百法郎的薪水，卢梭一家人的生活才稍微安定下来。

1746 年，戴莱丝怀孕了，胎儿发育得很快，卢梭并没有第一次做爸爸的喜悦，相反，因为经济状况的不乐观，他对养育新生儿这件事充满了惶恐。按照当时巴黎的习俗和社会风气，将婴儿送到孤儿院并不是什么新鲜事，戴莱丝生下孩子之后，卢梭也这样做了。第二年，卢梭将他的第二个孩子也送到了这里。

在巴黎从事文书工作的卢梭因环境之利，得以结识许多贵族。其中有位艾碧娜夫人，她本身是位音乐家，丈夫是政府官员，她和法兰先生极为熟识。不多久，卢梭和她成为朋友，三个人时常聚在一起倾谈。艾碧娜夫人家不只是娱乐场地，更是艺术界人士互相交换思想观念的场所。这种非正式的学术性聚会对巴黎的文艺思潮产生了一定的影响。卢梭的思想也是在这时候开始变得灵敏，他想撰写一些思想性文章。

狄德罗也经常参加这种日常聚会，他那时正准备创办一个学术性刊物，让每个人轮流执笔。由于彼此都热心学术，卢梭与狄德罗等人便着手合编《百科全书》，卢梭负责其中的音乐部分。每位执笔人都有三个月的时间，但到了约定时间，只有卢梭按时完成。狄德罗后来被当局指控有罪，关进了监狱。卢梭一方面同情狄德罗的不幸遭遇，一方面十分钦佩他仗义执言的勇气，他四处向友人求援，希望能使狄德罗获释。卢梭曾亲自到艾碧娜夫人家求助，但并没有什么效果。卢梭心中的不平和对狄德罗的关怀日益膨胀起来。

关于论文

第一篇论文

卢梭在巴黎经常往来于贵族家中，认识了很多名人。在杜宾夫人家他结识了一位年轻的王子以及他的老师。他们常邀卢梭到乡间的别墅游玩，卢梭也因此又认识了王子的两位随员。他们都是善良的人，并且对音乐很有兴趣，卢梭很快与他们成为朋友。

不久后，狄德罗得到了有限的自由，可以会见亲友。卢梭准备去探望这位挚友，同行的还有一位教士和另一个朋友。当卢梭见到狄德罗时，他们互相拥抱，泪流满面，激动得不知道说什么好。稍后，狄德罗对那位教士说："先生，你看我们的友谊多么深厚啊！"

狄德罗生活在狱中，憔悴了许多，内心也自然非常孤寂，卢梭的到来让他感到了慰藉。这之后，卢梭每隔一天都来看望狄德罗，有时陪狄德罗夫人同去，往往在那里陪伴他一整个下午。

1749 年夏天，天气非常炎热，从巴黎到关押狄德罗的监狱约有两公里。卢梭步行前往监狱探望狄德罗，一路上天气酷热，他非常疲乏，有时就坐下来休息一会儿。卢梭总是随身带着书，他坐在路边翻看随身带着的那本《法兰西信使》时，看到了第戎学院有奖征文的广告，要求的题目是："科学与艺术的进步是否有益于道德水平的提升"。

当卢梭见到这则征文启事时，他觉得自己好像被千万道光芒射中，许多思想从心中涌现，他感到有点窒息。仔细思考这个问题后，卢梭发现他的衣服前襟已被泪水濡湿。当时，他仿佛到了另一个世界，脑中涌现出的思想不仅是关于这篇论文的，而是一连串相继而起的想法和观念。那些思想好像一场风暴冲击着他。

卢梭到了监狱后，兴奋地将此事告诉了狄德罗。狄德罗极力劝勉卢梭写一篇论文应征，在好友的鼓舞下，卢梭开始积极地撰写这篇论文。他许多个夜晚不能成眠，不断地思考，反复地研究，直到自己觉得满意，才将其转化成文字。他请戴莱丝的母亲做他的速记员，每天早上，卢梭将昨晚的构思念给她听，让她记录下来。

卢梭从人类的发展着手，自人类觉醒时期开始研究，经过埃及、希腊、罗马、东方帝国、欧洲的兴起一直到现代社会，他的关注点在这期间所历经的变化上。他指出：

> 人类的心灵与身体都有需求，这是社会的基础。
> 当政府和法律提供人类安全与福利时，科学、艺术与
> 文学就在这些锁链上冠以花环，使人们觉得他们具有

自由。人们被奴役惯了，王室才显得具有神圣不可侵犯的权势。科学和艺术在某种程度上促成了人们这样的思想境界。当人类还没有艺术来规范行为、表达情感时，我们的一切是自然无邪的，虽然人类本性并不完美，但是人们从彼此的了解互信中可以得到安全，如今这些无邪已经荡然无存了！

在文中，卢梭对当时的教育制度也有所抨击：

> 我看到四处都有教育设施，孩子们可以在那儿获得一切知识，但却没有人教导他们该如何担负生而为人的职责。他们甚至无法分辨真实与错误，而宽容、平等、人道以及勇气这些字眼，对他们而言似乎毫无意义……

卢梭的这篇论文题目为《论科学与艺术》。初稿完成后，他马上送给狄德罗审阅。狄德罗大加赞赏，并提供了一些修改意见。卢梭对自己的这篇论文虽然也觉得挺满意，但总认为其中缺少相关的理论和新的创意。他觉得要成为一个作家必须要平时多加练习，这不是一蹴而就的。后来，卢梭又将这篇论文交给王子的随员格林先生过目，征求意见后，就寄给杂志社了。

卢梭和戴莱丝的相处日益融洽，他们经常携手到郊外散步，有时在家里吃晚餐时，把椅子放在皮箱上，以窗口当桌子，边吃边观望街景，虽然住在四楼，感觉就好像置身在街边一样。他们吃的只是粗面包，但彼此爱情深厚，互相信任，精神食粮极为充足。

1750年，卢梭那篇应征的论文获得了一等奖。在这篇论文中，卢梭否定了艺术和科学的价值，提出了它们的负面影响。他认为科学、文学以及艺术都是束缚道德水平的因素，如果人类赤裸裸的如同非洲的野蛮人，生活就会无拘无束、自由自在。他主张科学和道德互不兼容，而所有科学的起源都是卑劣的。例如，天文学来自于迷信的占星学，雄辩学来自于野心，几何学来自于贪吝，物理学来自于卑鄙的好奇心，伦理学来自于人类的自负。他认为世界上最可贵的是自由和道德人格的修养，个人的财产和名誉都可以弃之不顾。

卢梭这篇论文的成就主要在于他的自由思想，他在文章中表露了一个日内瓦乡下少年对巴黎社会的不信任和嫌恶，并明确反对社会上所有的欺诈，他斥责科学、文学和艺术，认为这些东西已经被权力所主宰。

论文获奖之后，卢梭得到了巴黎文学界的重视。当地许多文人对他大加抨击，批评卢梭的思想有所偏差。卢梭为自己的论文据理力争，他的声名也在逐渐提高。有些人慕名来访，平日无人光临的小屋竟门庭若市。许多贵妇人设法邀请卢梭吃饭，卢梭为了表示尊重偶尔也会去拜访她们。

不久，卢梭的第三个孩子诞生了，卢梭又把他送到孤儿院代养。连续三次这样的行为，使得卢梭受到了很多朋友的批评。卢梭并不是一个无情的人，他心地善良，主张自由。之所以这么做，主要还是因为自己经济穷困，负担不起孩子的教养费。

卢梭从威尼斯返回巴黎后，由于在旅途上受了暑热和过度疲劳，染上了膀胱炎。后来他又常去监狱探望狄德罗，由于往返辛苦，转为肾病。这种疾病伴随了他的一生，始终无法痊愈。后来，法兰先生介绍他到财政局做会计，因为工作过度劳累，他病了五六个星期。之后便辞去了会计的职务，专心整理乐谱。

《论人类不平等的起源》

卢梭在巴黎有许多朋友,其中与狄德罗和格林相交最深。格林初到巴黎，卢梭到哪里游玩或是参加朋友的聚会都会带他一起去。一次聚会上，格林认识了哈娜小姐，并对她一见钟情，可惜哈娜小姐已经名花有主，对格林的态度比较冷淡。格林为此深感苦闷，生了一场大病。这场病的症状很奇怪，格林呼吸正常，心跳正常，根本检查不出来有什么不对劲，但是他不说话、不吃饭、不喝水也不动，他的身体似乎没有感觉到痛苦，可是看上去又毫无精神、奄奄一息。同是王子随员的勒拉先生和卢梭轮流照顾格林，勒拉负责夜间，卢梭则负责白天。这样过了很多天，格林仍是一动不动，突然有一天早晨，他自己穿衣起床，照常出去做事。

这种怪病惊动了全城，格林也变得引人注目，他俨然成了大家心目中的情痴，不久后格林成为上流社会的时髦人物。在格林的社会地位日益提高的情况下，他对卢梭渐渐地疏远了。卢梭很失落，他对格林说："你这时候和我疏远了，我可以理解；等你失意时再来找我，我还会当你是朋友的。"格林听了卢梭的话，心里有些惭愧。这之后，虽然他们偶尔还会见面，但昔日的情谊已经不复存在了。

卢梭为避免各种应酬，时常到巴黎的郊外去散步，他偶尔也会在郊外住几天，那里空气新鲜，风景宜人。时常与他同行的是缪沙尔先生，他会弹琴并且很喜欢意大利音乐。卢梭经常与他畅谈音乐以及歌剧。这些谈话使卢梭兴起了创作歌剧的念头。一天早晨，卢梭一边散步一边喝着郊外甘甜的泉水，信手写了几段歌曲。下午茶时，他将这些曲子拿给缪沙尔。这些作品只是随意创作的，卢梭并没有对它们抱有多大期望，可是缪沙尔却连声赞赏，鼓励卢梭将整部歌剧完成。卢梭兴奋之余，在六天之内就把全剧写完了，剧名定为《乡村预言者》，后来又花了三个星期修改誊清。

1752 年 3 月 1 日，这部歌剧正式公演，观众反应十分热烈。皇室的一位大臣也来观赏，演出结束后，他希望这部歌剧能在皇宫里再演出一次，并邀请卢梭出席。那天在皇宫表演时，卢梭仍然是平日的装扮，他虽然因为能和皇后及那些贵族同座观赏歌剧而感到荣耀，但并没有过分在意这些。剧中的演员和歌手都非常卖力地演出，第一幕结束时掌声雷动，以后的每一幕都赢得了观众的喝彩，卢梭听见坐在身旁的女士们互相交谈："这部歌剧真是美妙极了！几乎没有一个音符不令人荡气回肠！"听到这些，卢梭十分开心，甚至感动得落泪。他对自己的作品能受到如此欢迎，感到欣慰和荣耀，对女士们的赞扬也有点沾沾自喜。

有一个晚上，皇室大臣对卢梭说，国王将赠予他年俸，并将在觐见时亲自奖赏他，以资鼓励。这个消息让卢梭喜出望外。觐见的前一天夜里他竟兴奋得睡不着，他一直幻想着觐见时的场景，忽然他意识到自己不知道如何回答国王的问话，也不知道该如何应对贵族们，如果到时候惊慌失措不是有损颜面吗？卢梭思前想后，决定还是放弃年俸，不去觐见国王，虽然这会遭受经济损失，但却不必受那些贵族的约束。何况如果接受了年俸，将来可能会影响到自己人格的独立。第二天清晨，卢梭借口突生急病，拒绝觐见。这个举动引起了外界的不满，很多人对他的行为表示不理解，甚至责备他过于骄傲。

狄德罗和格林等朋友也对卢梭拒绝觐见的行为颇为不满，他们甚至怂恿戴莱丝离开卢梭，怂恿朋友们和卢梭绝交。他们还有意破坏卢梭的声誉，格林甚至散布谣言，说《乡村预言者》并不是卢梭所作。

在《乡村预言者》公演之前，曾有一个意大利歌剧团在巴黎演出，非常受欢迎，这使得法国自己的歌剧无人欣赏。等卢梭的《乡村预言者》推出后，情形发生了改变，它与意大利歌剧团的剧目分庭抗礼。当时有些评论家批评卢梭这部歌剧的曲子抄袭了意大利音乐的风格，卢梭挺身辩驳，说这部歌剧的所有曲子都是他的原创。后来，因为对音乐风格的不同看法，整个巴黎音乐界发生了一场论战。很多人指责、批评卢梭，认为他的音乐是对法国音乐的侮辱，甚至有音乐家扬言要暗杀他。卢梭并没有畏惧，仍然照常前往剧场。这场关于音乐的争执持续了很久才平息下来。

这期间，第戎学院又在报纸上刊登了以"人类不平等的起源"为题的征文启事。卢梭有意再次应征，便着手写作。为了不受拘束地思考这个问题，卢梭和戴莱丝到圣日耳曼森林住了七八天。戴莱丝的同行使得卢梭不用为日常琐事操心，得以专心思考。除了吃饭，卢梭的其余时间都独自在森林里思考前人的学说，并意识到了前人自然朴实生活的益处。他在这篇论文中提到：

> 我认为人类的不平等可分为两种：第一种是天生的不平等；第二种即是后天的不平等。前者是由自然力造成的，包括了个人的天资、聪明、才智和体力；后者则是由政治力造成的，包含了政治和道德上的不平等。
>
> 由于天生的不平等，造成了个人立足点的不平等，

例如在土地的耕种上，体力较强的人可以做更多的工作；技艺精巧的人，可以运用别的方式节省自己的体力；天资聪慧的人，可以创出各种减少劳动的方法。而这些都是由先天的差异产生的。

至于后天的不平等，则是基于人类的欲望产生的。由于欲望的增多，人们便产生了互相扶持的需要，富人们可能需要穷人为他工作，而穷人们也需要富人的帮助和扶持。在这种互相帮助的前提下，平等就消失了。富人们可能从中获得新的权力，而给穷人套上一个新的枷锁，如此就造成了无可挽回的不平等和私有财产制。

卢梭在这篇论文里除了阐明不平等的起源外，还提到了不平等的演进过程，他认为这种现象可以分为三个时期：

第一个时期为贫富产生差异的时期，即法律与私有财产确立的时期。第二个时期为强者和弱者产生社会阶级差异的时期，也就是领导职位确立的时期。第三个时期即是主人与奴隶产生分别的时期，在这个时期里，君主专政兴起，人民的权力受到空前的凌压，到了最后，国家就会动荡不安。

在这篇《论人类不平等的起源》里，卢梭清晰地阐明：

自然界中很少有不平等的现象，当今社会的不平等现象是人类在求生存和求进步的过程中，逐渐衍生而成的；如今道德的沦丧都是为了反抗物质上的不平等，因此他极力提倡重返自然。这篇论文没有得到第戎学院的青睐，不过我们可以由此看出，卢梭的思想已经日臻成熟。

隐庐

1754 年，42 岁的卢梭与朋友格佛尔同行前往瑞士日内瓦。格佛尔将到日内瓦任职，卢梭则带着戴莱丝与之同行。三人于 6 月 1 日出发。

途经萨瓦，那里离华伦夫人的住处很近，卢梭便前往探望。见到华伦夫人后，卢梭不禁十分心痛，她的生活非常潦倒。卢梭以前曾写信邀她同住，由他和戴莱丝供养她，以尽一点心意，但华伦夫人一直没有答应。这次见面，卢梭看到华伦夫人如此穷困，非常难过，然而华伦夫人的态度依然非常乐观，她将自己的戒指取下来送给戴莱丝。戴莱丝推辞着说什么也不肯收，她感激华伦夫人昔日对卢梭的照顾。卢梭再次邀请她与他们同住，华伦夫人还是拒绝了。

离开萨瓦，他们抵达日内瓦，那是卢梭的故乡。由于卢梭在巴黎声名远播，故乡人们也有所耳闻，他们都很热情地欢迎这位载誉还乡的同胞。卢梭为父老乡亲如此的厚爱感到激动，他决定回巴黎处理些事情之后，再和戴莱丝及她母亲回到日内瓦度过余生。

卢梭在日内瓦住了四个月，于10月中旬回到巴黎，并计划第二年春天再返回日内瓦。有一天，卢梭和艾碧娜夫人去郊游，在蒙莫朗西的森林中，他们看到一个幽静的花园和一间别致的小屋，名为"隐庐"。卢梭十分喜爱这种幽雅僻静的环境。

艾碧娜夫人带着他走进庭院，卢梭惊奇地发现这里的一切都符合自己的审美和爱好。艾碧娜夫人对他说："这是为你而造的，是要送给你的，希望你在这里会过得愉快。"

卢梭异常感激艾碧娜夫人的好意，他吻着她的手，不禁流下感动的泪水。从这一刻起，卢梭决定要在隐庐居住，原来回日内瓦的计划被取消了。

卢梭的个性比较适合居住在乡间，何况在巴黎的15年来，他早已厌倦了城市生活。他年少时曾在沙尔麦特村享受了大自然的风光，昔日在威尼斯或巴黎的生活，虽然也十分吸引人，但他还是会在闲暇时间怀念在沙尔麦特村的田园生活。这时候的卢梭，经济状况日益好转，名声在外，不用再为生活费苦恼。他决定带着戴莱丝和她的母亲一起搬到隐庐居住，并且以后都不会再回巴黎。

1756年4月9日，卢梭正式迁往新居，艾碧娜夫人前来接他们一起去隐庐。卢梭看到屋内布置简朴，别有情致，心里非常高兴，连连向艾碧娜夫人道谢。

当时的气候还很寒冷，不过杜鹃花已开始吐蕊发芽。他们初到的那个晚上，树上黄莺的叫声一声声响在耳边，卢梭很喜欢这种氛围，不禁有夙愿得偿之感。卢梭没有急着开始他的日常工作，而是先到周围浏览了一圈。他看到那些小径、枯叶、树枝、花朵，觉得它们简直就是为他而生的。

经过几天的徘徊，卢梭才开始工作。他每天上午抄写乐谱，下午外出散步，并随身携带一个笔记本和一支铅笔，以备灵感到来时，迅速地记下来。卢梭也有一些写作计划，那是一些在巴黎未完成的作品，他希望将它们补充完整。卢梭在这里住了六年，这期间，他完成了许多著名的作品，其中最具代表性的就是《社会契约论》。这部作品的构思早在卢梭在威尼斯时就已经形成，那时他亲眼看到威尼斯的政治混乱现象，他觉得政治和人生的关系十分密切，个人的行为总会或多或少地受到政治势力的牵引。他认为完善的政治体系应以"使人们步入正轨，具有道德、知识与一切善行"为目的，这种政治思想在《社会契约论》中有清晰的表现。

除此之外，卢梭还有一个工作，就是整理圣皮埃尔教士的遗著，将其编纂成册。这件事是杜宾夫人委托卢梭做的，这些遗著共有23册，其中有很多精彩之处，但也有一些隐晦不明的词句。经过细致耐心的工作，卢梭先将其编成《永久的和平》一书，然后开始整理《委员制》。

这期间，卢梭也在草拟自己的另一部著作《爱弥儿》，这是一本教育学论著，卢梭创作它的初衷在于将个人的创见——"自然教学法"介绍给大众。这是他认为写得最有条理的一部作品。艾碧娜夫人偶尔会来隐庐与卢梭聊天，她为人热心，常常义务为朋友帮忙。她知道卢梭不善交际，所以当她没有客人时，才邀请卢梭过去小聚，卢梭自然也很乐意。

狄德罗肖像画

她很健谈，善交朋友，卢梭与她相处得十分融洽。

工作之余，卢梭和戴莱丝也能充分享受田园生活的乐趣。他们到郊外散步，尽情欣赏着乡间的美景。

1757年冬天，卢梭的身体状况有所恶化，不过当他写作《新爱洛绮丝》时，心情还是很愉快的。某日，伍德夫人来拜访卢梭，她是艾碧娜夫人的妹妹，后来嫁给了一位伯爵。他们是在艾碧娜夫人家的聚会上相识的。伍德夫人年纪轻轻，并不十分美丽，脸上有雀斑，皮肤也有些粗糙，但她性情开朗、活泼，又很温柔。她还有一颗赤子般的心，有时顽皮捣蛋、天真有趣。此外，她还有一股迷人的风韵，她颇有才华，会弹琴、跳舞，还会写诗。她在交际场合对人热情但不失分寸，卢梭从未听她批评过别人。她的丈夫伍德伯爵是个军人，与卢梭也相识已久。伍德夫人的住处离卢梭家只有一公里，卢梭常到她那里，时间一长，不免被伍德夫人特殊的气质所吸引。有一天晚上，他们共游花园，月色皎洁，流水潺潺，卢梭忍不住向她表达了爱慕之情，伍德夫人委婉地拒绝了。

卢梭隐居之后，与狄德罗的友谊更淡薄了，狄德罗似乎有些轻视离群索居的人，他的一部作品中曾有许多暗讽隐居者的言辞。卢梭读到这些时觉是狄德罗有意在讥讽他。于是他诚恳地写了一封信给狄德罗，希望他能解释一下，不过狄德罗回避了这个问题，他在回信中说：

> 知道你很喜欢这本书而且深受感动，我真高兴。关于隐居者的那些话，你既然不赞成就算了。你是我最思念的人，虽然有许多言辞令你不满。

卢梭看到这封如此顾左右而言他且言辞戏谑不庄重的信后，义正词严地予以回复：

> 你们这些文学家喜欢高谈阔论，以为居住在城市中的人才是你们应该交往的对象，殊不知只有田园生活才能使人变得单纯而真挚，浸淫在城市中的人只有仇恨和痛苦而已。

此外，卢梭和格林的友谊也开始决裂。格林在巴黎故意中伤卢梭的名誉，甚至说卢梭在音乐方面的能力很差，种种恶意的诽谤使卢梭不得不重新衡量他们之间的友谊。后来，卢梭决定和格林绝交，并将此事告诉了艾碧娜夫人。艾碧娜夫人力劝卢梭收回绝交的话，与格林重归于好。听到这样的劝告后，卢梭决定向格林道歉，可惜格林对待他的态度依然十分高傲，并屡次强调自己的德行无可挑剔，卢梭败兴而归。

有一次，艾碧娜夫人病了，要到日内瓦治疗。卢梭没有陪同前往，狄德罗和格林因为这件事对他责备良多，狄德罗在给卢梭的一封信上这样说：

> 最近听说艾碧娜夫人要到日内瓦去，你却没陪她一起。我的好友呀！你应该陪她去的。你接受她的恩惠太多，这正是一个报答的机会。她在那里人生地不熟，身体又有病，应该有人在身边宽慰她。假如我是你，我一定会陪她去的。你认为那会有损你的名誉吗？你错了，你不去，才会有人骂你忘恩负义。平日你很重视知恩图报的，只要问心无愧，又何必考虑其他呢？

这封信使卢梭非常愤怒，因为他在狄德罗的言辞间看出了他的恶意，他在回信中写道：

> 亲爱的朋友，你明白我和艾碧娜夫人之间的感情吗？她是否真的愿意与我同行？你知道我不去的原因吗？这些我也不必对你细说，如今要提醒你的只是你信中的命令口气实在不是对朋友应有的态度。
>
> 你担心别人会怀疑我的品行，但我觉得你应该明

白我是怎样的人吧！了解我的人自然会敬重我，我不畏闲言，诽谤我的人最后一定会知道他们是错的。狄德罗，你想必也不是一个好说闲话的人吧？

后来，卢梭将这件事告诉了伍德夫人，并决定要离开隐庐，伍德夫人劝他不要与艾碧娜夫人决裂，并劝卢梭陪同艾碧娜夫人去日内瓦。卢梭最后决定息事宁人，表示愿意陪同艾碧娜夫人。可惜这时候，艾碧娜夫人已经动身了。不久后，卢梭收到格林的来信，信中措辞尖锐，有绝交的意思。卢梭对他们的友谊彻底失望了。不想数日后，艾碧娜夫人竟也写了一封信给卢梭，决定终止他们之间的感情。卢梭眼见昔日好友一个接一个地背弃他，内心的孤独和抑郁一天天凝重。他决定立刻搬出隐庐。缪沙尔先生知道了卢梭的困境，愿意腾出一间小屋给他，卢梭接受了这番好意，在冰雪严寒的冬季搬出了隐庐。

这期间，卢梭接触到了伏尔泰的学说，尤其是他关于自然法则的诗篇以及对里斯本大地震的感言。伏尔泰因为上帝无法保护人类免受灾难而怀疑自己的信仰。卢梭对伏尔泰的这种思想感到震惊，他在1756年8月给伏尔泰写了一封长信，信中针对伏尔泰的观点进行了反驳：

你斥责宗教观念让我觉得有些苦恼并且不能认同。你似乎在说明一切事物都是邪恶的。先生，请别

欺骗自己，因为一切事物正与你想象的相反。你觉得
乐观主义是残忍的，你极力斥责教皇的诗作，但他的
诗减轻了我的痛苦，使我更加有信心地面对病痛。而
你的诗作则增加了我的痛苦，使我的希望破灭，让我
十分沮丧。

这之后，卢梭和伏尔泰之间就产生了极大的鸿沟，他们
各自为自己所主张的思想而辩护。

《新爱洛绮丝》与《社会契约论》

卢梭在隐庐居住期间，勤于写作，其中最重要的作品有
《社会契约论》《新爱洛绮丝》和《爱弥儿》。

《新爱洛绮丝》的主角是卢梭幻想出来的。他丰富的情
感使他无法从现实环境中找到理想的伴侣，于是，便只能创
作一个虚拟的人物以求安慰。卢梭笔下的人物都十分完美，
美丽且聪慧。

《新爱洛绮丝》中有两个人物，她们都非常美丽而且很
热情。她们个性不同，一个活泼开朗，另一个则端庄温柔；
一个独立坚强，另一个却柔弱善感。她们有一个共同的情人，
她们非常爱他，彼此间也没有妒意。我们可以想见，卢梭一
定是以这个男人自居的，现在看来，这是人类普遍存在的自

恋心理在作祟，并且这种三个人的和谐关系明显地过于理想化且有悖道德。

人物形象确定以后，卢梭开始用美丽的环境为这个故事作陪衬。他选了华伦夫人的家乡作为故事的背景。关于这部作品的创作过程，卢梭这样说：

当我开始写时，只是随便在稿纸上涂涂画画。这本书的前两篇几乎完全是用这种方式写成的，并没有经过任何仔细的计划。发展到后来，我几乎无法驾驭自己的想象力。我将自己完全交给这些想象力，希望能将我的故事写成一部小说。

卢梭在这部作品中还详细陈述了他的爱情观，并以一种说理的方式表现出来：

真正的爱，应该是一切人类关系中最纯洁的，爱的神圣火光将净化我们的灵魂。唯有爱，才能使我们不受诱惑，关心周围的人。即使因为爱而产生了罪恶，你的灵魂也没有受到贬低，你依然可以自由地追求真理和名誉。

在《论人类不平等的起源》中，卢梭已经阐明了他的自由平等观念。1756 年，他搜集多方面的资料，并加以研究整理，终于完成了这部政治学名著《社会契约论》。

根据卢梭的见解，"人生而自由，但却处处受到束缚"，为了恢复天赋的自由，我们可以用暴力挣脱各种束缚，然而暴力对暴力毕竟具有太强的毁灭性，所以为了维持人类的平等自由，人类间的契约是很重要的。卢梭认为社会契约的主要是为了保护个人的平等地位以及调和社会与个人之间的关系。在社会生活中，人们往往会遇到阻碍、困难，这时，人们必须团结在一起，以便渡过难关。社会生活是建立在多数人的基础之上的，必须彼此配合，才能获得共同的利益，因为这样，个人难免会为了集体的利益受到一些约束。卢梭认为当前社会的主要问题是必须要解决个人与团体之间的关系，同时不能有损个人的自由和权利。

社会契约就是要"以社会的力量保障个人的生命财产"，如此就需要两个前提：一个是个人与大众要相互结合，一个是保证个人仍享有往日的自由。卢梭把社会契约作了一个浅显的阐释，他认为："我们每个人都把自己的一切权利付诸全体，受全体意志的指挥，而个人同时也是全体中的成员。"个人基于这种平等地位自然结合成为社会，个人从社会获得有力的保障。个人与社会的关系经过调和，进而成为聚合的团体。这种团体古时称之为"城市"，现在则称之为"共和国"，个人就是人民或国民。

同时，卢梭也强调社会契约必须由个人共同遵守，任何人如果不遵守公共意志，其他人都要强迫他遵守。有了这种保障，契约的存在才有意义，而不是一纸空文。个人的自由也受团体意志的保护，不会遭到无理的剥夺。国家政治机构的行为要受到公共意志的约束，这样就不会变成专制机构。

卢梭的自由思想注重社会、国家的平等利益，个人与社会团体需要法律约束自身的行为。他认为，社会团体形成之后，必然会产生政治活动，这时候就需要法律保障社会及个人的行为。在法律的范围内，规定个人的权利和义务，以便社会取得更好的发展。他指出："法律的目的永远是公共的，即法律所考虑的人民是全体人民，而不是个别的人民或行为。"卢梭认为法律建立在公正、平等的原则之上，属于公共意志。

就法律的公平原则而言，卢梭认为法律不能指定或授权某人属于某种阶级；法律可以规定国家的政体，但不能指定君主、国王或王室人员，因为这些都属于个别事物，应由公共意志来决定。这也就是近代的民主观念，国君由民意产生，而非世袭。

就法律的立法职权而言，卢梭认为，法律既是基于公共意志产生，绝不会不公正，而人民服从法律则是共同的义务，同时依然拥有个人自由。国王是国家的一分子，他的权限自然低于法律，且无法专权。人民既要受到法律的约束，同时也是法律的制定者。卢梭认为，借着法律的规范管理，并且以公共利益为主旨，国民才能享有平等的权利。他把法治国家称为"共和国"，他说："凡合法的政体便是共和政体。"由此可以看出他对民主国家的期望。

国家的组成在于人民的公共意志。卢梭认为一个国家一定要先有一个安定的基础，而为了使国家处于平衡状态，最重要的就是要有强固健全的组织，良好的政府才能使国家处于稳固的地位。那么，维持这种平衡状态的因素是什么呢？"自然的关系与法律的完全一致"，立法者必须明确法律的目的及公共利益。卢梭将制定法律的目的分为两个：一是自由，一是平等。

良好的法律，在不同的民族中，应依照该地的具体情形和人民的风俗习惯来制定或修改，而其最终目的是有益于国家的稳固与持久。

在《社会契约论》中，卢梭还特别强调了政府及各种政体的关系。他认为公共的意志需要一个行政机构来表达，该机构必须在公共意志下做事，能够沟通国家与人民的意见。

卢梭将政府定义为："政府就是介于人民和主权体之间的媒介，使两者互相交涉沟通，并负责实施法律及维护自由的机构。"政府人员称作行政官或君主，整个行政团体则称之为行政当局。可见执政者与主权者之间是一种雇佣关系。主权者对于执政者的权力可以加以限制，也可以收回。政府是依民意而产生的，政府从主权者那里得到命令并合法施行。

卢梭认为政府首脑应以公共意志为依据，以公共力为行使政权的力量。所以，如果他依自己的意志做些与公共意志毫不相关的事时，他与团体的关系就脱离了，即他违背了民意。如果政府首脑以他自己的特殊意志滥用公共力量，压迫人民，社会就会趋向瓦解。

关于政体的种类，卢梭也有明确的叙述，他把政体分为三种：一是"民主政体"，即主权者把政府委托于全体人民或大多数人民来行使。二是"贵族政体"，即把政府委托于少数人手中。三是"君主政体"，即把政府委托于一人之手。他认为小国较适宜民主政体，中等国家则以贵族制最佳，大国则以君主政体为最妥。卢梭赞成民主制度，但依各国的土地广大而言，无法做到每个公民都参与选举，只能实行贵族制或君主制。

卢梭所强调的民主，是指古代市邦的直接民主制度。他认为这种制度很难完全实现，因为人民无法经常共同参与政事。由此可见，他更偏爱于市邦小国，因为这样的状态比较适合直接民主。

卢梭的《社会契约论》是当时政治学说的经典之作，他的政治观点虽然有许多缺点，但其独特而清晰的理论在后来的法国大革命中，产生了实际的影响，他赋予了抽象的政治理论以实际的意义。

《爱弥儿》

1757 年，卢梭开始撰写他的教育学名著——《爱弥儿》。这部作品宣扬一种以自然主义为基础的教育思想，主张注重儿童教育，其独创的教育理论对后世的教育界产生了深远的影响。

从《爱弥尔》中，我们可以看出，卢梭认为教育的目的在于使人成为自然人，即他所谓的"依照自然的顺序""信任自然""以自然为唯一的圣经""遵从良心者即是遵从自然"。这里所说的自然是绝对自由、平等而善良的环境，只有在这种状态下生活，人的生命才能提升到最高境界。

卢梭认为儿童教育的目的在于促进他们的能力及器官的内部发育，教育能够使他们的头脑不停地活动，使他们的天赋得到最大限度的扩展。这种强调人类内在本性发展，并以儿童为本位的教育观点，是卢梭教育学说的重点。

卢梭的自然主义以儿童为出发点，旨在培养儿童的身心及本性，即让儿童过着儿童应有的生活。他认为一个人的儿童时期对他的一生有着重要的价值和意义，所以不能用各种枷锁束缚儿童，阻碍他们自然本性的发展。这是卢梭的根本立场，也是他独具思想的教育学说的重要原则。基于此，卢梭提出了"直观教育"。

"直观教育"，即直接教育，使儿童们接触到的直观事物与他们应该学习到的观念保持一致。卢梭认为12岁以前儿童的知识只限于感觉范围，还没有悟性；12岁以后才有理性的发挥。卢梭强调要儿童从客观的事物中去认识世界，感受世界，"直观教育"目的就是依据具体事实教导儿童，使外部的知识和儿童内在的认识能力完全一致。

卢梭认为应该按照儿童身心发展规律予以适当的教育方

式，以免超出儿童的接受能力。他指出《鲁滨孙漂流记》是实施儿童教育最理想的教材。他说："教育儿童并不是要读文学名著，而是要认识自然，感受自然。"即通过阅读自然书籍了解外界知识，而不是以抽象的文字、语言去获得知识。

"儿童教育在不同的年龄阶段应该有不同的侧重点"，卢梭将书中主角爱弥儿的教育分为四个阶段：

第一期自出生到 5 岁，以家庭教育与体育为主。

第二期自 5 岁到 12 岁，以感觉训练为主。

第三期自 12 岁到 15 岁，以理性教育与培养实践能力为主。

第四期自 15 岁到 20 岁，以感情教育为主。

家庭教育是卢梭所谓儿童教育的重心，而母亲则是实施家庭教育的主体。他说，"母亲是自然的教师"，"家庭是世间最美好的教育场所"。父亲、母亲及儿童构成了家庭生活，父母的调教可以使儿童得到良好完善的家庭教育，使他们的天性得到自然的发展。

第一期教育的另外一个特点是体育教育。五岁以下的孩子在感情、观念和感觉方面的意识比较淡薄，所以必须注重身体的锻炼。卢梭认为健全的身体是一切的基础。他说："一切罪恶都是由虚弱产生的，儿童只要不虚弱，就无恶念，强健的儿童必然善良。"

卢梭对于儿童健康的保健方式也从食品、医药等方面作了介绍，并涉及了居住环境的选择。他认为乡村空气适合儿童的生活和发展，而都市人口密集，不适合儿童。他把乡村视为儿童教育的最佳场所，这也是他强调自然主义的观点之一。

　　第二期从 5 岁至 12 岁，卢梭认为这一时期的儿童已有感觉能力，故应该注重感觉教育。卢梭认为在儿童的身心发展过程中，先有感觉，而后才进入理性时期，所以这段时期的儿童教育要由四肢、感觉及器官入手。卢梭分别以触觉、视觉、听觉、味觉及嗅觉来阐释他的教学方法。

　　卢梭认为可以让儿童在黑暗中学习事物，以便训练触觉。以触觉和视觉互相并用来了解事物，并主张培养儿童精确的目测能力，让儿童学习了解物体的形态。他认为在这个时期中应教导儿童绘画和几何学，以便培养他们正确观察事物的能力。他主张要让儿童清晰地交谈、正确地发音，教他们歌唱时要注意声音的正确柔和。味觉方面，他主张保持最自然的味觉，主张食物单纯，依循自然之道。关于嗅觉，他认为是想象的感觉，与感情生活相关。

　　第三期从 12 岁至 15 岁，卢梭主张实施理性教育，因为这时候的儿童已经具有了一定的是非观念和判断力，如何使这种判断力按照正确的方向发展是这一时期教育的重要课题。兼之以适当的实践能力的教育，使儿童在实践中完成判断力的完善和发展。根据上述观点，卢梭提倡用行为教导儿童，这种观念在现在看来都是十分具有价值的。他说："言论不能给人以教训，教训的传授必须从经验入手。"卢梭主张的实践教育与理性教育都旨在培养儿童的悟性，从而形成成熟的是非观念及判断能力。

第四期，卢梭认为应该使儿童成为一个完整的、具有情感的人，理性教育必须以感情教育来推动和升华。他认为感情优于理性，而从这一时期开始，儿童已经有道德观念了，需要教导他们的同情心和怜悯心，这样才能使他们超越个人主义而融入社会。卢梭强调社会教育的重要性，初期的儿童教育他主张偏重个人教育，但他认为人类在社会中不能独自生活，个人必须依赖社会，同时也要将自己的力量贡献给社会。他说："我的目的在于培养社会状态下的自然人类。"

在教育领域中，卢梭也主张自由平等，他说："教育并不是在培养军人和官员，而是在培养人类。"

这四个阶段的身心教育较为全面地体现了卢梭的教育思想以及他的教育目的，他旨在培养一个健全的社会公民，先从个人教育入手，再培养其融入社会的能力，使其成为社会人。

卢梭的《爱弥儿》充分阐述了他独特而自由的教育思想，这部作品后来被誉为儿童教育的宝典。虽然卢梭在世时，曾因此书而遭到攻击，但其思想的独到之处，不但深深地影响了后世的教育学说，其中蕴涵的民主自由思想更是法国大革命的原动力。

流亡中逝去的伟大生命

教会的裁决

　　卢梭搬出隐庐后依然住在乡间，并以抄写乐谱为生。每当他伏案工作时，总是专心致志，借以排遣心中的郁闷。工作之余，他喜欢整装外出拜访当地他新结识的贵族朋友——卢森堡先生。卢森堡夫人聪慧且善解人意。他们彼此相处甚欢，没多久，卢梭便成为卢森堡夫妇的朋友。

　　卢森堡夫妇有时也来探望卢梭，卢梭总是热诚款待。他将自己写的《新爱洛绮丝》拿给卢森堡夫人看，卢森堡夫人表示很感兴趣，并将这部作品介绍给一家出版公司。1760年，《新爱洛绮丝》正式与公众见面，这部作品引起了广泛的关注，尤其是巴黎的女士小姐们都不约而同地对它表示赞赏。

　　本来卢梭还担心这个故事情节过于简单，容易让读者觉得平淡无味，但有一件事证明了它不但不平淡无味，而且还十分动人。这件事发生在某个节日，那晚正好举行一个歌舞盛会，有位女士在晚餐后准备参加盛会，因时间还早，她便翻阅着出版公司送来的新书——《新爱洛绮丝》。等到午夜，马车在门外已等候多时，她仍爱不释手，不忍释卷。用人催她，她也不管，仍旧一直看下去。用人以为她忘了赴约的事，又去提醒她，她仍说不必忙，继续读这个故事。过了许久，她问用人几点了，用人说已经清晨四点了。她吩咐用人让马车回去吧，接着换下盛装，终于在天亮时分读完了这本书。

由于《新爱洛绮丝》的成功，卢梭立即成为全欧洲的知名人物，这本书被翻译成数国语言，风靡欧洲。他的读者来函与日俱增，慕名来访的客人也多了起来，这使得他的私人作息时间受到干扰，但同时也使他得到了精神上的极大满足。在众多读者眼中，卢梭已经是一位哲学家和小说家了。许多有志写作的青年人不时地寄来他们的作品，希望征求卢梭的意见。卢梭为了避免不断的来信，曾公开在报纸上答复这些热心的读者，希望他们不要再寄稿件来，因为他实在无法仔细地阅读，而且回信对他而言是一项很大的负担。

接着他又恢复了以往平静的生活，不过经济状况有所好转。

一次贵族聚会中，经由卢森堡先生介绍，卢梭认识了当地的马沙尔县长，他是位英俊、慷慨且热情洋溢的人。卢梭与马沙尔意气相投，

中年时期的卢梭

成为知己。马沙尔不但交游广阔而且甚得人缘，他关心卢梭的近况以及外界对卢梭的诽谤，并逐渐成为卢梭的支持者。

依照当时的习俗，《爱弥儿》尚未出版前必须经过某些知名人士的传阅。经过一番传阅之后，《爱弥儿》成为大家争论的焦点。很奇怪的一点是，卢梭这部天真无邪、充满灵感、独具创见的教育学著作，居然被外界视为异端邪说，并且被列为禁书。

起初，卢梭对外界的传言很不解，这本极具理性的教育著作是为了人类的幸福而作，国内的知识分子和教会人士为什么会将其视为异端邪说呢？他决定不去在意这个问题。出版公司被外界的言论所扰，劝说卢梭不要用真名发表这本书，但卢梭坚持要面对那些攻击。他认为自己一直服从国家的政令，也努力地去做一个忠诚的公民，如其他法国人一样遵守国家法律，总不至于因为热爱人类、追求人类幸福而遭到迫害吧？但是厄运真的降临了——卢梭被舆论界视为有罪，他在 1762 年 7 月写给马沙尔的信中表明了自己的立场：

> 我只不过是一位避难在此的穷作家，离开了自己的祖国，只因为发表了自己认为是善良且公正的言论就被定为有罪，这使我觉得不公平。我的朋友，如果你也觉得我有罪，就不必庇护我了。但是，如果我无罪，请你和国王允许我继续住在这里，我愿遵从当地的法令。如果你想让我离开，我恐怕已经没有去处了……

马沙尔对卢梭的感情并没有受到外界的影响，他时时将外界的动静告诉卢梭。有一天，他带来了一个坏消息，关于卢梭的案子已被议院提出讨论，而且判决是将卢梭予以拘捕。当时甚至有些官员提议要将《爱弥尔》这本书和卢梭一并焚毁。卢梭听后，心里十分不平，他在 1762 年 6 月给一位同乡莫顿的信中，述说了自己的心境：

> 这判决多么严厉啊！我到底犯了什么罪？证据何在？啊！巴黎人民，这就是你们的自由吗？我感到懊恼！外界对我的指责越来越强烈，但如果我停止写作，我将会被公众淡忘，人们也不会畏惧我所写的真理了。请你不要公开地反对我。

卢梭为了避免指责，接受了罗吉的邀请搬到更为偏远的乡下。他住在罗吉家，罗吉一家人都很热情地欢迎他，孩子们更是成天与卢梭嬉戏。这时候，卢梭写信给莫顿：

> 我是如此地喜欢受到爱戴，当别人喜欢我时，我似乎忘掉了一切不愉快的事。朋友的照顾温暖了我的心。

欧洲有许多仰慕卢梭的读者，但他们无法影响议院的裁决。关于裁决的结果，是卢森堡先生告诉卢梭的。一天晚上，卢梭正在床上阅读《圣经》，戴莱丝手持卢森堡先生的信急忙走进卧室交给卢梭，卢森堡先生的信中附有亲王的密函，信中警告卢梭明天议院将会派人来拘捕他。卢森堡先生的信中写道：

你已没有时间为自己辩白，因为裁决已经不可能更改。你赶快到我这里来吧，你只能在那里停留一天了。

法国议院裁决卢梭的《爱弥儿》为异端邪说，尤其是书中关于依照自然法则教导儿童的观念更是有违基督教教义。不仅如此，卢梭在书中宣扬的宗教平等理论，对18世纪的欧洲而言，无疑是对统治阶级的挑战，他的平等自由的思想是煽动革命的种子。于是，最高法院判决将《爱弥儿》焚毁，并立即发出拘捕令，拘捕卢梭入狱。

卢梭与卢森堡夫妇会面后，眼见情势危急，决定马上离开此地，他与戴莱丝道别并承诺将来一定会回来接她。稍微处理了一下手边的事情，卢梭马上乘马车离开，在马车上，他想起那天晚上读的《圣经》中的故事，灵感突发，将它写成了一首叙事诗。四天后，卢梭终于到达了相对安全的地方。

自从离开戴莱丝后，卢梭日夜思念她，他希望她能与他生活在一起，卢梭期望以后能好好照顾她，尽力给她快乐和幸福。他写了一封信给戴莱丝，信中说道：

　　我亲爱的，我现在已安全了，你会为我高兴吧，我迫切想知道你的近况，盼望着我们的重聚。不过，我必须告诉你，我之后的人生可能要在逃亡中度过，你可以仔细地想一想自己的去向。我亲爱的，想想你是否能和我共度流亡生活？如果你来了，我会尽力让你感到幸福。如果你想要住在原地，那也是你的权利。

　　卢梭在信中同时嘱咐她如何处理家中剩余的物品，变卖家具和书籍，私人物品留着等她来时一并带来。

　　在与朋友的通信中，卢梭表现出了他与日俱增的焦虑，他的疑心加重了，别人对他的言语、一颦一笑都会引起他的不安，他觉得好像处处都会受到迫害。1763 年，瑞士官方发布消息，命令卢梭在一天之内离开瑞士境内。卢梭很苦恼，连续不断的逼迫和困难使他真想马上和戴莱丝团聚，以安慰自己心中的苦闷。戴莱丝收到卢梭的来信后，也十分希望能去陪伴他，并回信表明了她的立场，她在信中写道："我以我的心向你述说，我们的爱至死不渝。"

　　不久后，戴莱丝终于来到卢梭身边，并且带了一些卢梭需要的物品。他们搬到了普鲁士的莫蒂埃。在这里，卢梭受到普鲁士国王的庇护，避免了法国和瑞士的一些人对他的偏见和怨恨。7 月，卢梭写信给莫顿：

　　我昨天抵达莫蒂埃，我的处境一定已使狄德罗和格林先生感到满意，他们急于想看到我被瑞士驱逐出境。

之前的通信中，莫顿表示自己有意为卢梭写一部传记，卢梭在这封信中也提及了此事：

> 我现在的处境，让我觉得应该同意你的想法——撰写我的传记，请你着手写作时，以一种适合你我的方式进行，不要带有愤恨、讥讽以及赞颂等情绪，要以中庸客观的态度、庄严而带有力量的方式来撰写。简言之，就是用一种适合一个富有正义感的作家，而不是一个被迫害者的立场去写。最后，老实说，我并不想看到这本书，但是如果你决定撰写，你的名字将会不朽，不过同时你也有可能遭受迫害，请你仔细考虑清楚。

反驳诽谤

自从卢梭的《爱弥儿》遭受外界激烈的批评后，莫蒂埃市民对他的偏见也逐渐加深，卢梭有意前往英国。

巴黎舆论界对卢梭的攻击使他的敌人越来越多，幸运的是他的挚友马沙尔先生对他的支持从未改变，但不断传来的斥责声却使卢梭觉得自己有必要出面表白立场，以应付未来可能出现的危急情况。1763 年底，他写信给普鲁士国王腓特烈二世，信中毫不隐瞒地表明了他的立场：

> 陛下！我曾在您背后说过你的坏话，我可能还会如此做。但是，被法国、瑞士驱逐的我到了贵地接受您的庇护。陛下！我并没有权利接受您的恩典，而且我也不想要求任何恩典。但是，我觉得此时向您作出声明是我的责任，我在您的管辖之下，您可随时处置我。

与此同时，欧洲读者的来信也在不断地寄来，贵妇人、年轻人以及哲学家们纷纷来信表达他们对卢梭的支持，这些信件使卢梭受到很大的鼓舞。不过，真正给予他精神上最大支持的还是马沙尔先生，与马沙尔的相处使卢梭忘却了外界的混乱和骚扰。

普鲁士国王十分尊重卢梭，经常派人给他送来面粉、酒和各种食物。卢梭的自尊心让他感到犹豫，是否应该接受这些恩惠呢？卢梭在写给普鲁士国王的信中充分表现了他的自尊：

> 感谢您赐给我的这些食物，但是我觉得您境内的许多子民都需要食物。请您把它们拿走，送给真正需要它们的人吧。另外，我能否提醒您，我的陛下，您应该爱您的每一个子民。如果这样，我为您捐躯亦在

所不辞。

普鲁士国王接受了卢梭的劝告，变得乐善好施，普鲁士境内人民的生活改善了许多。

莫蒂埃教会不久也将《爱弥儿》和《社会契约论》列为禁书，不准发行。教会认为《爱弥儿》是异端邪说，《社会契约论》是在煽动革命。卢梭的民主思想在他们眼中是疯狂的思想。一个社会如果建立民主政体，那么贵族阶级的特权何在？难道贵族需要接受人民的意志吗？卢梭的社会改良思想虽然也影响了其他哲学家，但鉴于社会大环境的影响，他们的努力并没有发生效用，其中有些人竟被处以极刑。

当初的《论人类不平等的起源》已使卢梭身处困境，遭受诋毁。现在《爱弥尔》和《社会契约论》遭禁，卢梭更陷入了被抨击的旋涡之中。卢梭心中期望的宁静无法获得，虽然他在青年时期与华伦夫人有过安详、平和的相聚时刻，但如今都已成为过眼烟云，不可复得。外界的骚扰使得卢梭不能安心工作，他开始做一些手工劳动，比如编织腰带，织好的成品就分赠给邻居。

这时，卢梭还与巴黎教皇进行了激烈的辩论。毕蒙教皇抨击卢梭为假道学，说他是一个自认为学识丰富，却误入歧途的人；一个在思想及行为上充满矛盾的人；一个用繁复的思想来曲解道德的人；一个自称热爱基督却一味标新立异的人；一个自夸、热爱隐居而又借此吸引世人注意的人；一个泯灭读者道德观念的人；一个主张人类社会的不平等又欲将人类贬低到禽兽地步的人。此外，教皇批评卢梭最严重的一点是，指控卢梭散布色情。这真是无稽之谈！

卢梭听到这些诽谤后，决定奋起反驳，不过他觉得自己的反驳必须谨言慎行，因为这将影响世人对这位道德领导者的印象。卢梭在心力交瘁下，发表了他的《致毕蒙教皇书》。在这篇文章中，卢梭阐述了自己的观点，文章的措辞平实、不做作，与他日后撰写的《忏悔录》颇有些类似之处。在文章中，卢梭说：

    阁下，我何必要对你多费唇舌呢？我们如何才能彼此了解？我们俩之间有什么误解吗？我答复你，实在是因为你的逼迫使我不得不这么做。

    我天生具有一种禀赋，这已经得到了大众的证实，我的青年时代是在快乐中度过的，没人认识我。到了40岁，我虽然没有财富，但我拥有朋友和平静，然而公众对我的斥责却一直不断，甚至裁决我的罪状。我尽力反驳，却于事无补，我的事业就此中断，朋友和安宁也因此离我而去，我必须忍痛接受这样的事实。

    我写过各种题材的书和文章，我一直保持着我的原则、我的道德观、我的信仰以及戒律。而他们一味反对我的观点，也反对我本人。我的第一篇论文发表时，他们视我为一个矛盾者；我的歌剧问世后，他们视我为国家的敌人，甚至是叛国贼；《论人类不平等的起源》之后，我又被视作一个无神论者，一个厌恶人类的人；《新爱洛绮丝》之后呢，我被视作一个温柔老实的人；现在，我在他们眼中又成了一个顽固、亵渎神灵的人！

卢梭这篇《致毕蒙教皇书》总共有 150 多页，他毫无保留地述说他的宗教观以及道德观，他的笔触中带着强烈的感伤。他还在其中表达了自己的宗教信仰：

教皇阁下：

我是个天主教徒，一个虔诚的教徒，我一生都遵从《圣经》中的信条。我是个教徒，但不是教会的信徒，而是耶稣基督的信徒。我的信仰告诉我不能只讨论教义，更应该身体力行。那些缺乏正义的教士霸占职权，成为宗教上的裁决者，并且告诉我应该做这个，不能做那个。我对此不屑一顾。他们的优越权力绝不会影响我的原则，他们也无法使我说我不愿说的话。

如果我的真诚触怒了他们，他们一定会想办法将我摒弃于教堂之外，我并不畏惧他们的威胁，因为他们根本无权判决我。他们无法阻止我的心灵与信仰结合，他们能在此生剥夺我的幸福，但无法阻挠我未来的希望，我未来的希望是由耶稣基督赐给我的，他会做我的裁决者，裁决我和他们孰是孰非。

1763 年，卢梭将他的《致毕蒙教皇书》交予出版公司付印，虽然他心中十分担忧会受到迫害，但经由马沙尔的鼓励，他仍决定用本名发表。不出所料地，这篇文章受到强烈的批评。读者写给卢梭的信逐日增加，信中有支持也有反驳，写信的人来自各种不同的阶层，有辩论家，也有舞蹈老师。卢梭从这些信中了解到了外界对他的印象。

卢梭极想知道日内瓦民众的反应，尤其是对他这篇《致毕蒙教皇书》的反应。虽然日内瓦当局对卢梭的言论极为困扰，但《致毕蒙教皇书》并没有被列为禁书。不久后，卢梭给日内瓦当权者写了一封信，信中声明他愿意放弃日内瓦的公民权。

不久，日内瓦当局即废止了卢梭的永久公民权。卢梭深爱故乡，但日内瓦连续给予他沉重的打击，使他不得不放弃公民权。

1764 年 9 月，卢梭接到一封革命者的来信，信中邀请他担任制宪委员。这个消息迅速传遍整个欧洲，格林及其他反对者立即发表声明，声明中说如果卢梭接受这个邀请，那就说明他是革命和国家独立的煽动者。卢梭没有接受这个邀请，但在给革命者的回信中，他表明了自己对平等民主的爱好和热情。

1764 年秋，日内瓦的杜金先生出版了《乡村书信》，文中他强调了君主专制政体的重要性。卢梭针对他的观点及政治立场予以反驳，同时出版了《山中书信》，他的思想和主张立即引起外界激烈的反响。

卢梭在文中曾辩解日内瓦当局对他的裁决，他有充分的理由为自己辩护，因为那次审判没有事先提出警告，也没有审讯，就将卢梭的书予以焚毁，并裁决卢梭有罪。

当时法院的裁决书有一段是这样的：

> 这些书的作者（指卢梭）集合了所有能贬损及毁灭天主教基本原则的言论，在这些言论中他指控所有的政府。这些书以充满诱人笔调的法文书写，是极为危险且有损于道德的，而且这些书是作者以一个日内瓦公民的身份发表的。鉴于这些书的恶劣影响，法院不得不作出如下裁决……

法院以违反教规的名义裁决卢梭，卢梭在《山中书信》中答辩道：

> 我是作者，因为写了这些书而被法院裁决，但是会有作家故意奉承自己吗？一个人如果企图行善也算有罪吗？身为一位作家，我只接受那些被基督承认的圣人作为我的审判长。

　　在这段激烈的争执时期，卢梭接到一封从法国寄来的信，写信者自称詹姆斯·包塞尔，来自苏格兰。他在信中对卢梭表达了自己的钦慕之情，这使卢梭的心情舒畅了不少。后来，卢梭和包塞尔见过一面，在座的还有马沙尔先生，卢梭对包塞尔表达了自己对苏格兰人的好感。

　　卢梭的《山中书信》问世不久，1765 年 1 月，市面上出现了一本书，叫做《公民的情感》，书中极力抨击卢梭的人格和思想以及他的道德观。这本书的作者是伏尔泰和卢梭昔日的一位朋友。《公民的情感》风靡日内瓦，市民们对于书中描述的卢梭和戴莱丝将子女遗弃在孤儿院一事尤感震惊。卢梭与戴莱丝此时才感觉到民众对他们的厌恶感是多么深。

　　某夜，卢梭和戴莱丝上床就寝，到了半夜，卢梭被一阵突如其来的声音惊醒，原来是有人用石头砸他们的门窗。卢梭赶紧逃到厨房，这时正巧有一块石头穿破窗户砸在他的脚上，他步履蹒跚地与戴莱丝躲在墙角。幸好邻居及时报警，警察阻止了这场骚动。这件事情之后，卢梭觉得自己急需找一个偏僻之处隐居。

　　经过马沙尔先生的帮忙，9 月，卢梭准备迁往圣皮埃尔岛。这座小岛并不大，但布满了高树、青草、小溪以及黄色的灌木林，对卢梭而言是一个难得的天地。在这个安宁的天堂里，卢梭离开喧嚣的尘世，遗世独居。他的生活费用由马沙尔帮他料理。

流亡

　　两个月之后，当局将卢梭驱逐出境，卢梭在好友的协助下，前往英国。

　　在圣皮埃尔岛时，卢梭就开始写《忏悔录》了，在英国，他完成了这本书的前五章。多年颠沛流离的生活和昔日朋友的背叛使卢梭有点被害妄想症的症状，他猜疑身边的每一个人，不相信他们。这时外界谣传有人计划要焚毁《忏悔录》，卢梭十分担心，他想离开英国前往他地。经过一番考虑，他决定回到欧洲大陆，戴莱丝也表示赞同，因为她母亲刚刚去世，需要她回去料理后事。

　　1767 年初，卢梭清理行李，将带不走的书籍变卖，以减少旅途中的负担。各国获悉卢梭欲返回欧洲大陆的消息后，许多人纷纷写信给他，愿意提供住处或其他的帮助。对于这些人的热情和慷慨，卢梭十分感动。

　　卢梭的朋友培鲁先生引荐他去投靠塞吉先生，卢梭夫妇便先前往史泊丁城去见塞吉先生，不过他并未久留。5 月 6 日，卢梭夫妇又到达英国东南部的多佛港，准备搭船前往法国加莱，但当天因为天气原因船无法起航，他们只好耐心等待。21 日，天气转晴，傍晚时分轮船起航。次日，他们抵达了加莱。

在法国境内，卢梭仍然是一个通缉犯，他为了隐藏身份改名为雷诺。亲王对他的处境表示关心，并警告卢梭要小心提防别人的抨击。卢梭与戴莱丝不久后又前往圣丹尼斯。此时卢梭听说他的剧本在巴黎公演，而且他的《忏悔录》也完成了第一部。他这时候的生活还算平静，然而几个星期后，平静的生活被一个噩耗破坏了。一个叫德强斯的城堡看守人意外死亡，卢梭成为被怀疑的对象，因为当时有人看见卢梭时常带着食物和酒到城堡去找德强斯聊天，当局有理由怀疑卢梭在酒中下毒导致了德强斯的死亡。卢梭失去了这位朋友本来已经很伤心了，现在还要想方设法证明自己的清白。他要求法医验尸，以证明德强斯是自然死亡而非遭他人毒害，经过验尸后，卢梭被证明是无辜的。

1768 年 7 月 13 日，卢梭到了格勒诺布市。25 日清晨，他写信给戴莱丝，说他准备去尚贝里一趟，信中写道：

> 如果你在一星期内没有收到我的消息，就不要再等我了，去投靠那些信任我的朋友，他们一定不会遗弃你的，我相信那些值得信任的朋友不会拒绝我的要求。

卢梭到尚贝里后遇见了昔日教过的学生，从他那里，他知道了华伦夫人已经去世的消息。卢梭十分悲痛，他马上前往墓地探视华伦夫人，墓上长满了青草，显然已经很久没有人来过了。卢梭在那里流连了许久，回忆起昔日初遇华伦夫人的情景，他曾从华伦夫人那里学到仁厚、慈爱和慷慨等种种美德，如今这些记忆还历历在目，难以忘怀。

卢梭返回格勒诺布市后，与一位业余植物学家一起外出采集标本。在这里停留数日后，他便前往布戈市。布戈市当时正在筹备一场游行，市长知道卢梭抵达当地后，即邀请他共进晚宴，卢梭十分喜欢布戈市，随即在当地的旅馆订了一个房间，并写信要戴莱丝前来团聚。

8月29日，即戴莱丝抵达布戈市四天之后，卢梭与戴莱丝邀请市长和他的表兄做他们的证婚人。在他们面前，卢梭与戴莱丝举行了婚礼，卢梭将戒指戴在戴莱丝手上，并发誓会与她长相厮守，至死不渝。婚礼中，卢梭非常快乐，还演奏了几首为这次婚礼写的曲子。

10月10日，卢梭写信给莫顿：

> 你必定已知道我那位长久的伴侣终于成为我的妻子了。因为她决定跟随我的命运并且分担我的苦痛，所以我必须给她一个交代。25年来相聚的岁月终于使我们结为一体。信心和互爱使我们一直在一起，直到死亡将我们分开，她将是我最温柔的伴侣。

1769年2月1日，卢梭与戴莱丝从布戈市迁往蒙魁镇的一个农场,那是一位侯爵的私产。农场四周的景色很优美,虽然他们住的是一间旧屋,但地点很好,从屋里可远眺蜿蜒的河流,以及雄伟的山峰。

卢梭窗外的树上经常栖息着一些燕子,呢喃地叫着,在这样的自然环境中,卢梭的心情十分愉悦,但戴莱丝却日渐对这种田园生活感到厌烦,她想重过巴黎那种都市生活。

卢梭与戴莱丝之间的感情出现了摩擦,不过卢梭清楚地记得婚礼时自己的誓言,一直努力地使戴莱丝生活得快乐幸福。这次失和使卢梭感到十分苦恼。不久,戴莱丝生病了,卢梭虽然年纪已大,仍然兼顾家事,直到她康复。

1770 年春天,卢梭决定迁往巴黎,戴莱丝想回巴黎的心愿终于实现。虽然巴黎的生活费用比在蒙魁镇高很多,但有了版税及马沙尔先生的帮助,他们应该还能生活得不错。他们先是住在古老的布拉屈斯镇,平日卢梭誊写乐谱和作曲,并且一直在撰写他的《忏悔录》,他隐秘地撰写这本书以免招致外界对他的恶意攻击。

卢梭写《忏悔录》的用意是要让世人知道他对自我的批判,这部作品是由卢梭向另一个卢梭质询的对话方式写成的。这种自我批判显示了卢梭理智的人格。

卢梭在这段时期维持着有规律性的生活,清晨起床,然后立刻到桌前工作,誊写乐谱,吃完早餐后,又在桌前继续工作,一直到下午,然后外出散步。有时,他和戴莱丝会相偕外出用餐;有时,他们会到山丘上欣赏夕阳或和邻居们做游戏，每次外出卢梭的心情都很愉悦。

与世长辞

卢梭在写《忏悔录》时，精神状态虽然很好，但性情却变得越来越孤僻，他不相信任何人，疑心重重，很少让别人进入他的书房，也甚少与朋友在一起，昔日的旧友都已经断了联络。他排拒外人，外人反而更想见见这位隐居者。格林借机发表文章，捏造一些有趣的故事，叙述世人急于想见这位隐士的情形。

卢梭虽然没有公开露面，但他偶尔会在几位女读者面前朗诵他的新作品，他声称官方查禁的只是他的书，他还有言论自由。他将他的《忏悔录》在一些贵族王室家中朗读，有时，从早晨一直读到午夜。卢梭在朗读时并没有删减任何细节，包括了他之前犯的错误，当他读到他把子女送到孤儿院时，许多女士都会同情地流下泪来。

他的读者不只限于女性，还有一些贵族人士。他们习惯于向他请教一些问题，立法者曾写信给他请求指导，或是亲自拜访他。

卢梭迟疑着如何处理他的《忏悔录》，因为法院查禁他的著作，这本书无法出版，他在法国没有一位挚友可以代为保管。

　　一次偶然的机会，卢梭遇见了昔日在英国的好友布司比先生，他将《忏悔录》已誊好的第一部分交给布司比保管。当其余的部分誊写完毕后，卢梭想将稿子再交给布司比，但他已经离开巴黎了。突然有一个念头闪入卢梭的脑中，他将《忏悔录》包好，在外层纸上写着："托付给全能之主保管"，并且写下了他的祈愿：

　　　　公理与正义之神，受害者的保护者，请你接受我的献品，我将这手稿置于你的祭坛前，寄托给上帝保管。我是个不幸的人，孤独而得不到别人的帮助，并且还被世人嘲笑、讥讽、贬损。在过去的 15 年中，我遭受了比死还难受的屈辱，更令我觉得悲哀的是，我不知道这一切迫害的理由在哪里。

　　　　我没有辩解的机会，我与外界联络的权利也被剥夺。我对人类已经不存有冀望，因为他们充满了欺骗、诽谤和说谎。

　　　　我将我的作品托付给你保管，让它传到下一代手中，他们将从我的作品中看到一个既无怨恨，也不欺骗别人的人最后的命运如何，如果我的作品流入怨恨我的人手中，它一定会被毁灭或删改，我已经不在意这些了，因为我遵从了我的意志和思想。

　　卢梭带着《忏悔录》的手稿前往巴黎圣母院，打算将它放在圣坛前，基督的脚下。他迅速穿过布满鹅卵石的广场，经过拱门，向圣坛走去，但在栅栏之前，卢梭发现教堂已经上锁，无法进入。他的身体摇晃着，仿佛遭到了巨大的打击。

他头晕目眩地走回家，坐在桌前誊写其他稿子，那些作品充满了清晰的理论，都是人类思想史上无与伦比的精神食粮。此时，卢梭觉得内心十分郁闷，他激动地写了一篇《致所有爱好正义与真理的法国人》的宣言，并在街上散发给行人，这篇宣言很全面地显示了卢梭晚年时的心境：

> 法国人呀！这些曾温和并爱好和平的人民，你们竟变成现在的样子，你们怎么会变得如此不幸与孤独？你们为何要剥夺我的权利？为何要将我的残余岁月陷入苦恼、忧愁以及羞耻之中，还不让我知道原因？不让我辩解，甚至不准许我有发言的机会？我将把一颗无辜的心和一双无邪的手交与上帝，请求他赐给我一个庇护所。

路人对卢梭的这篇宣言并不感兴趣，没有人愿意看他的宣言，因为他们觉得文中所讲的人并不是指他们。社会上没有人真正关心这位标榜正义的疯狂者，虽然卢梭内心一直保持着对人类的爱，但社会民众对爱、真理、正义却毫不关心，除了少数几位理想主义者之外。卢梭希望能唤醒大众去关怀别人，但民众并不理睬。

1776年10月，卢梭在一个小镇附近散步，思考他目前的作品。这时一辆马车突然驶来，卢梭虽然及时避开了，但路边的狗受到惊吓向他扑来，卢梭惊惧交加，跌倒在地上。他躺在地上许久，嘴唇淌着血，全身都感到疼痛。当他忍痛走回家时，戴莱丝惊叫起来。这件事在当地报纸上被披露出来，有的编辑故意讽刺他而将报上的标题写成："卢梭被狗践踏！"

卢梭受到外界新闻的骚扰，无法保持平静的生活，不过伤势复原之后，他一如往常地继续写作。他现在撰写的《孤独漫步者的遐想》，令他重拾年轻时的愉悦。这年冬天，卢梭一直隐居在家，甚少外出。1778年4月，清晨教堂的钟声激起了卢梭的灵感，他立刻在他的《孤独漫步者的遐想》中写下这样一段话：

> 自我初遇华伦夫人到现在已有50年了，她当时只有28岁，而我尚未满17岁，她对当时尚年轻的我所表现出来的宽容和爱护，让我一生难忘。那次初见改变了我一生的命运。啊！如果我那时能满足她的心愿就好了，我们如果能长久地在一起，那将会是多么美好的日子！

6月，传来了伏尔泰去世的消息，卢梭面色沉重，这使一位朋友大感吃惊，因为他知道昔日他们之间的芥蒂。卢梭向他解释道:"我与他的存在是互相关联的,他如今已死,我恐怕也将不久于人世!"卢梭与伏尔泰的思想虽然格格不入,但他们却都为人类思想史的发展作出了自己的贡献。

1778年7月1日,莫顿来探望卢梭,卢梭将《忏悔录》交给莫顿代为保管,并希望在他死后能出版问世。

次日清晨,卢梭外出到附近采集植物标本,但不久就因脚痛转回家中。喝完咖啡后,他对戴莱丝说,他准备到一个朋友家去教他小女儿音乐,并嘱咐戴莱丝要付款给锁匠。戴莱丝付款回来后,看到卢梭呻吟着说:"我感到胸口阵痛,脑袋也像是被敲打似的。"

这时是早上七点钟,外面天气晴朗,卢梭说想看看美丽的阳光,戴莱丝扶他到窗边,卢梭说:"天气如此晴朗,没有一片云,上帝是在等着我了。"说完这句话,卢梭就失去了知觉,与世长辞了。

次日,小镇上来了很多瞻仰这位思想家遗容的人,医生后来证实他是死于脑出血,当时外界有谣传卢梭是自杀而死,随后他被葬在波拉斯岛上。